Journale, Tagebücher, Befehle (I)

Johann Adolph von Zezschwitz
17.07.1812 – 27.07.1812
und
Heinrich Christian von Klengel
30.07.1812 - 28.02.1813

Beiträge zur sächsischen Militärgeschichte
zwischen 1793 und 1815

Heft 57

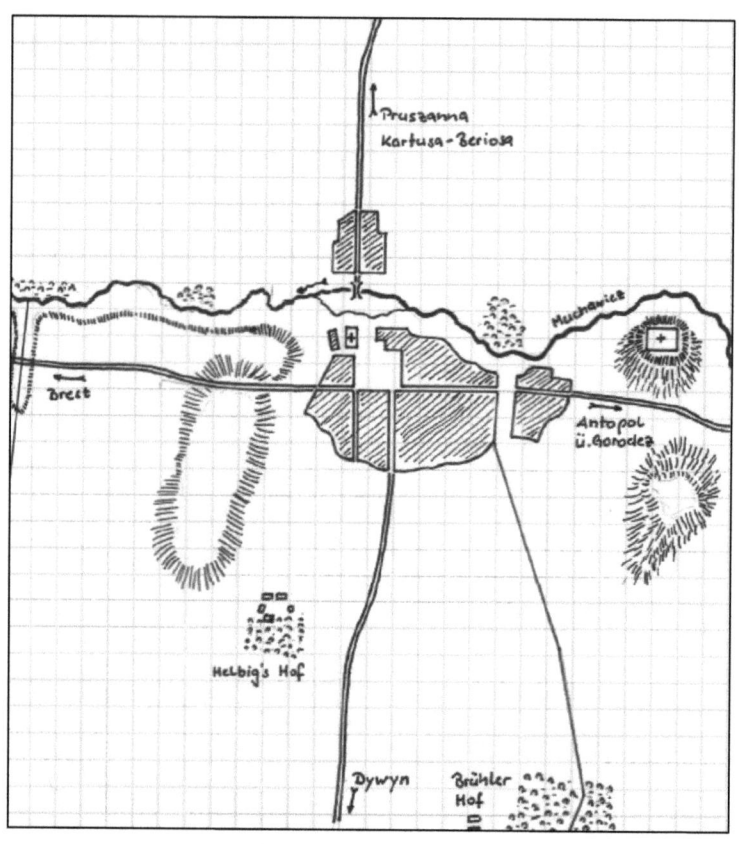

Abb. 01   Kobryn und Umgegend

Journale, Tagebücher, Befehle (I)

Johann Adolph von Zezschwitz

17.07.1812 - 27.07.1812

und

Heinrich Christian von Klengel

30.07.1812 - 28.02.1813

Bibliographische Information der Deutschen
Bibliothek

Die Deutsche Bibliothek verzeichnet diese
Publikation in der Deutschen Nationalbibliographie;
detaillierte bibliographische Daten sind im Internet
über http://dnb.ddb.de abrufbar.

Die Deutsche Bibliothek – CIP – Einheitsaufnahme

Jörg Titze (Hrsg.)

Journale, Tagebücher, Befehle (I):
Johann Adolph von Zezschwitz 17.07.1812 -
27.07.1812 und Heinrich Christian von Klengel
30.07.1812 - 28.02.1813

ISBN 978-3-7504-2800-3

Herstellung und Verlag:

BoD- Books on Demand, Norderstedt

Vorwort

In diesem Heft werden zwei Handschriften wiedergegeben.

Die erste Handschrift ist ein Auszug[1] aus dem Tagebuch (17.07. – 27.07. 1812) des Obersten von Zezschwitz. Zezschwitz war als Chef des Generalstabes der 2ten (22n) Division und Oberstleutnant in den Feldzug von 1812 gerückt. Er erhielt am 04.07.1812[2] das Kommando des Ulanen-Regiments Prinz Clemens, dem am 06.07. die Beförderung zum Obersten folgte. Mit 3 Eskadrons des Regiments gehörte er zum Detachement des Generalmajors von Klengel, welches vom 25.07. – 27.07. Kobryn besetzte und sich dort am 27.07. nach mehrstündigem Kampf einer weit überlegenen Macht kriegsgefangen ergeben musste. Zezschwitz beschreibt sehr ausführlich die Situation, die ergriffenen Maßnahmen und den Ablauf der Kämpfe bei Kobryn.

Diesem Tagebuch beigefügt ist der Rapport des Kapitäns Heymann über die Vorpostenkämpfe bei Brzesc am 24./25.07.1812[3] sowie der Rapport des Majors v.Seydlitz vom 24.07.1812[4]. Dieser Rapport

---

[1] HStA Dresden Bestand 11339 Generalstab Akte No. 270

[2] An Stelle des am 14.06. zum Generalmajor avancierten vorherigen Kommandeurs, Obersten von Gablenz

[3] Entnommen dem Tagebuch des Adjutanten Becker / SLUB Dresden Mser.Dresd.App. 2134a

[4] HStA Dresden Bestand 11343 Formationen Akte No. 239

offenbart die Gründe, warum die Eskadron Seydlitz trotz Anforderung durch den Oberst v.Zezschwitz nicht zum Regiment gesandt werden konnte.

Die zweite Handschrift ist das in der digitalen Sammlung der SLUB Dresden verfügbare Ordre-buch des Regiments König für den Zeitraum vom 30.07.1812 - 10.12.1813[5]. In diesem sind die von dem General v.Klengel während der Gefangen-schaft der Brigade erlassenen Befehle, Anzeigen etc. pp. enthalten. Aus diesem Ordrebuch wurden verschiedene Befehle für den Zeitraum 30.07.1812 - 28.02.1813 ausgewählt.

Der Text selbst ist so originalgetreu wie möglich, der heutigen Rechtschreibung angepasst, wiedergege-ben.

Bedanken möchte ich mich beim Team des Haupt-staatsarchives in Dresden für die wie immer problemlose Bereitstellung und bei der SLUB Dres-den für das online stellen der Akten.

Natürlich möchte ich mich auch bei Ihnen, verehrter Leser, dafür bedanken, dass Sie sich zum Kauf dieses Buches entschlossen haben. Insofern Sie Anregungen und Kritiken haben, über den Inhalt diskutieren oder mir einfach nur mitteilen wollen, ob Ihnen das Buch gefallen hat, so können Sie mich via email unter   sachsen-titze@t-online.de erreichen.

Ihr

Jörg Titze

---

[5] SLUB Dresden Mser.Dresd.App. 2134

Johann Adolph von Zezschwitz

Tagebuch
17.07. 1812 – 27.07.1812

Den 17ten Juli marschierte ich mit meinem Regiment nach Ostrow und bezog in der Nähe des Orts ein Biwak dass bei dem sehr schlechten Wetter eben nicht das angenehmste war.

Den 18ten marschierten wir in ein Dorf ohnweit Bytyn wo wir Quartier bekamen und den 19ten Rast hatten. Ich war den Mittag sehr froh mit meinen Offiziers und ritt Nachmittags in die Stadt, wo ich den Befehl erhielt, dass ich mit dem General Klengel nach Kobryn und Brzesz detachiert wäre um daselbst das österreichische Korps abzulösen. Ich bat sehr dringend um genauere Instruktionen erhielt aber so wenig eine, als der General Klengel, doch aber die Versicherung, wir sollten sie nachgeschickt bekommen. Graf La Tour, Adjutant vom Fürsten Schwarzenberg, war bei General Reynier und da er sehr dringend um baldmöglichste Ablösung der österreichischen Avantgarde bat, so wurde anbefohlen, dass den 24ten der Posten von Kobryn durch das Korps selbst, der von Brzesz aber durch ein Detachement von 80 Pferden unter dem Rittmeister Heymann abgelöst und letzterer den 25ten durch das Regiment König verstärkt werden sollte.

Ich meldete mich beim General Klengel und marschierte den 20ten mit ihm nach Kossow, wo ich mit meinem Regiment, welches indes, da mir die 3te Eskadron und mehrere Kommandos fehlten, noch nicht 350 Mann stark war, noch 1 Stunde weiter und quartierte mich in einem Dorf ein.

Den 21ten gegen Morgen marschierte das ganze österreichsiche Korps mit Ausnahme der zurückgebliebenen Avantgarde durch. 5 Regimenter Kavallerie unter denen sich Kaiser-Husaren und Riesch-

Dragoner vorzüglich auszeichneten, machten den Anfang. Es ist eine herrliche Kavallerie und Pferde und Mannschaften waren in vortrefflichem Zustande. Auf diese folgte die Linien-Infanterie, welche der General Bianchi führte. Ich kannte ihn von Preßburg her und wir freuten uns beiderseits dieses so freundschaftlichen Wiedersehens.

Den Abschluss machte eine wunderschöne Brigade ungarischer Grenadiers, welche der brave General Alois Lichtenstein anführte. Ihn, den erklärtesten Feind Frankreichs, der noch vergangenes Jahr in Teplitz mir so oft gesagt hatte, es sei ihm unbegreiflich, wie man mit den Franzosen fechten könne, hier zu sehen verwunderte mich höchlich und ich konnte es ihm auch nicht verschweigen. Er antwortete mir lachend: „ Was will man machen, wenn man gern in Krieg geht und es keinen andern gibt?".

Den 21ten marschierte ich nach Zaboll über Kartusa Beriusa, Auf dem Marsche begegneten mir die ganze österreichische Equipage, davon das Korps sehr viel hat; indes haben alle Wagen eigne Bespannung.

Die Equipagen sind vernünftigerweise alle wie die gewöhnlichen Frachtwagen und nicht wie bei uns wie Chatoullen gebaut.

Fürst Schwarzenberg, ein schöner Mann, dem bayrischen General Seydewitz ähnelnd, begegnete uns auch und war äußerst artig; schien jedoch höchst verwundert, als ich ihm sagte, dies sei die ganze Kavallerie, welche zur Ablösung bestimmt wäre und sagte mir, er habe stets 3 – 4.000 Mann Kavallerie auf Vorposten gehabt.

In Jaboll hatten wir sehr gute Quartiere und gingen den 22ten bis Trziokowicy ohnweit Pruzanna.

Den 23ten ging das Regiment bis Tewel, ich aber mit Geka bis Kobryn, um mich über die Lage der Dinge und Aussetzung der Vorposten zu instruieren. Wir trafen daselbst den österreichischen General Zechmeister, der mit einem Husaren-Regiment und den Jägern zu Besetzung der nötigen Posten zurückgelassen worden war. Er ist ein sehr artiger und soviel sich auf den Augenblick beurteilen lässt, sehr kluger und instruierter Mann. Er sagte mir, dass sicheren Nachrichten zufolge General Kamins-koy mit ohngefähr 18.000 Mann bei Kowel stände und seine Vorposten bis Dywyn und Mokrany habe, auch die Gegend von Brzesz sehr oft beunruhigen ließe. Hinter ihm bei Luzk stünde General Tormas-sow mit ohngefähr 20.000 Mann

Über die Bestimmung dieser Armee ließe sich gar nichts Sicheres urteilen; die Vernichtung mehrerer Magazine nach hiesiger Gegend zu, sowie das Verbrennen einiger Brücken schienen zwar zu beweisen, dass sie sich gegen den Dnieper zuwenden wolle, allein es könnten dies auch falsche Demonstrationen sein. Er versicherte mir, er sei sehr froh, von diesem Posten abgelöst zu werden. Seitdem das österreichische Haupt-Korps die Gegend verlassen habe und insofern General Reynier – von dem übrigens weder ich noch der General Klengel, seit wir ihn in Bytyn verlassen, kein Wort gehört hatten und auch gar nicht wussten, in welche Gegend er marschiert war – sich uns nicht sehr bald nähere, so glaubte er, dass wir hier einen äußerst bedenklichen Posten hätten, vorzüglich da der Feind eine sehr große Anzahl leichter Truppen habe. – Die Stadt Kobryn, welche für ein polnisches Städtchen recht artig gebaut ist, liegt auf beiden Seiten des Muchawiez-Baches, der größere Teil nach der feindlichen Seite zu. Eine Brücke führt hinüber, doch gehen rechts und links eine Reihe Furte durch. Ohnweit der Brücke, auf der Seite der Stadt selbst, ist – einem Kloster gegenüber – eine alte Schanze, wahrscheinlich der Ort, wo vor alten Zeiten die Toten begraben wurden, wie man dies in mehreren Städten in hiesiger Gegend findet, denn ihre Lage lässt nicht glauben, dass sie einen militärischen Zweck gehabt habe.

Außerdem bietet die Stadt gar kein Verteidigungs-Mittel dar, da die Gegend gegen den Feind zu ganz offen und nur mit einzelnen Sümpfen durchbrochen ist.

Den Rittmeister Heymann, der hierher vorausge-gangen war, schickte ich nach Brzesz ab und hatte das Kommando von 80 Pferden, welches er kom-mandieren sollte, vom Regiment so abgesendet, dass es den 24ten bei guter Zeit in Brzesz eintreffen konnte.

Den 24ten beritt ich und der Major Geka mit einem österreichischen Major von Kienmeyer-Husaren die Vorposten und setzte sie, nachdem mein Regiment angekommen war, eben so aus, wie die österrei-chischen gestanden hatten, jedoch musste ich sie, da ich nicht den dritten Teil ihrer Kavallerie hatte, alles um vieles schwächen und doch war mit der nötigen Bereitschaft jeden Tag über die Hälfte

meiner Leute im Dienst, was um so nachteiliger war,
da durch die anhaltend starken Märsche die Pferde
in sehr schlechtem Zustande waren.

Der Rest der Kavallerie und das Regiment Niesemeuschel blieben auf dem andern Ufer des Bachs.
General Klengel, welchen ich nachher traf, überließ
mir ganz das Aussetzen und Kommando der
Vorposten und bewilligte mir alle dazu nötige
Infanterie. Auf dem beiliegenden Plane[6] zeigen die
schwarz gezeichneten Marquen, die erste Aussetzung der Vorposten. Das Regiment König
marschierte noch denselben Tag einige Meilen
weiter auf der Straße nach Brzesz, um den 25ten
dahin kommen zu können. Über alle eingezogenen
Nachrichten sowie über meine Besorgnisse im Fall
eines allgemeinen Angriffs erstattete ich ausführlichen Bericht an den Obersten Langenau, sowie
General Klengel an General Reynier; ich bat sehr
dringend um Verstärkung an Kavallerie, da ich
außer Stand wäre, mit meinen abgematteten
Pferden den ganzen Vorpostendienst zu verrichten,
ohne sie ganz zu ruinieren. Ich nahm ganz in der
Nähe des Biwaks meines Regiments Quartier und
die Nacht vom 24ten zum 25ten verging ruhig. Alle
Patrouillen, die ausgeschickt waren, hatten nichts
vom Feind gesehen, außer eine, die auf der Straße
nach Dywyn auf eine Kosaken-Patrouille gestoßen
war, die sich aber sogleich zurückgezogen hatte.

Den 25ten früh kam eine Ordre vom General Reynier
durch den Obersten Langenau aus Kartusa-Beriusa,
welche der Leutnant Scholz überbrachte. Der

---

[6] Nicht in der Akte enthalten

General Reynier war ungehalten, keine Meldung erhalten zu haben; da uns aber gänzlich unbekannt war, wo er sich aufhielt und wohin er seinen Marsch genommen hatte, so war es allerdings schwer Rapport zu erstatten. Auch diese Ordre enthielt nicht die mindeste Instruktion und schien zu beweisen, dass man im Hauptquartier an keinen ernstlichen Angriff gegen uns glaubte. In einem Brief an mich, sagte mir der Oberst Langenau er könne mir keine Verstärkung an Kavallerie schicken, das Seidlitz selbst mit dem Feinde zu tun habe und die übrigen Kavallerie-Regimenter gleichfalls bei Janowa Affären hätten. Vormittags gegen 10 Uhr sagte mir mein Adjutant, er habe durch den Leutnant Brause von einer unglücklichen Affäre des Rittmeisters Heymann bei Brzesz gehört. Ich eilte in die Stadt. Der Herr General sagte mir dasselbe, doch waren es alles Nachrichten durch die dritte Hand, allein kurz darauf kam eine Ordonnanz mit Meldung vom Obersten Göphardt und Leutnant Bärenstein, welche leider bestätigten, dass der Rittmeister Heymann in der Nacht vom 24ten zum 25ten mit überlegener Macht angegriffen worden war und nach sehr tapferer Gegenwehr sich habe zurückziehen müssen. Er und der Leutnant Salza sind blessiert und gefangen sowie die Hälfte des Kommandos tot oder vermisst. Mit dem Rest hatte der Leutnant Bärenstein sich mit dem Obersten Göphardt bei Bulkow vereinigt, nachdem er 4 Stunden unaufhörlich verfolgt worden war. Das in Brzesz eingerückte feindliche Korps bestand der Meldung zufolge aus 8.000 Mann unter Kommando des Generals Lambert, worunter 4 Kavallerie-Regimenter unter dem Obersten Knorring.

Der Leutnant Gößnitz wurde sogleich mit dieser Meldung an den General Reynier abgeschickt; ich schrieb zugleich wieder an den Obersten Langenau, bat abermals dringend um genaue Instruktion, was wir tun sollten im Fall wir mit weit überlegener Macht angegriffen würden, was nunmehr wohl gewiss zu sein schien, sowie womöglich um Verstärkung durch meine dritte Eskadron.

Der Oberst Göphardt erhielt Befehl, sich gegen Abend von Bulkow abzuziehen und nach Kobryn zurück zu kehren.

Ich ließ noch 1 Eskadron jenseits des Bachs, erbat mir ein Bataillon Infanterie zum Soutien und stellte es an der Stadt in einem Garten, an der Straße von Dywyn auf, eine Eskadron von mir vorwärts dieses Bataillons und eine zwischen der Stadt und dem Helbigs-Hof um zugleich die Dywyn'er und Brzes-z'er Straße zu beobachten. Nachmittags kam eine Meldung vom Obersten Bruley und Major Stünzner über die Brzesk Affäre, worin das Benehmen der Ulanen auf das vorteilhafteste dargestellt war. Es wurden diese Meldungen durch den Leutnant Nostitz ins Hauptquartier abgeschickt. Oberst Bruley und Major Stünzner waren nebst dem Leutnant Erhard nach Brzesz geschickt worden, um eine leichte Befestigung dieses Ortes anzuordnen und mündliche Aufträge an das Regiment „König" zu überbringen.

Bei Bulkow trafen sie das Regiment König und hörten von dem Gefecht bei Brzesz, mussten also bei gedachten Regiment bleiben.

Es war uns von den Österreichern im Fall eines nötigen Rückzugs der Weg über Lusziky vorzüglich angeraten worden, da jenseits des Bachs bei Lusziky sich eine sehr vorteilhafte Position darbietet und man dort ebenso gut nach Antopol als Pruzanna oder Kartusa Beriusa sich dirigieren kann.

Es wurden die Zimmerleute des Regiments Niesemeuschel abgesendet, um die dortige Brücke in Stand zu setzen, da die Österreicher gesagt hatten, dass sie schlecht sei und ich instruierte diese Zimmerleute selbst auf das genaueste, da dieser Punkt mir von der höchsten Wichtigkeit schien. In dem Augenblick, dass der Leutnant Nostitz abgefertigt wurde, kam die Meldung von Leutnant Ludwiger, der die Vorposten auf der Dywyner Straße kommandierte, dass er vom Feind angegriffen werde und es wurde dem Leutnant Nostitz mündlich befohlen, dies ans Hauptquartier zu melden.

Ich eilte hinaus, nahm von der Eskadron des Rittmeisters Matthäi 20 Pferde unter Leutnant Pflugk zum Soutien mit vor und traf den Leutnant Ludwiger in ziemlich heftigem Gefecht. Bei Annäherung des Soutiens zogen sich aber die Kosaken zurück. Einige von Ihnen waren auf dem Platze geblieben. Wir hatten 3 Pferde erbeutet und einige der unsrigen waren blessiert.

Der Abend rückte heran und ich leugne nicht, dass ich in der größten Besorgnis eines Angriffs während der Nacht war, da das Regiment König noch bei Bulkow war, wir also nichts als die wenige Kavallerie und das Regiment Niesemeuschel mit 4 Kanonen zum Widerstand hatten und uns dem ungeachtet schlagen und Kobryn behaupten mussten, wenn das Regiment König nicht ganz verloren sein sollte. Um nun also unsere wenigen Kräfte so viel als möglich zu konzentrieren und die Vorposten nicht durch unnütze Plänkeleien zu ermüden, zog ich sie nahe bis an die Stadt zurück und ließ den Feind und die zu ihm führenden Straßen bloß durch stete Patrouillen beobachten. Um ein vielleicht heran prellendes Detachement gut zu empfangen, platzierte ich 2 Kanonen, die ich mit Kartätschen laden ließ, an die Dywyner Straße, neben das Bataillon Niesemeuschel. Die Nacht verbrachte ich durch stetes Visitieren und Munterhalten der Leute, wobei Freund Geka mir treulich beistand. Einige aus Versehen losgehende Gewehre bei den Infanterie-Vorposten alarmierte uns auf Augenblicke, sonst aber blieb alles ruhig; und gegen Morgen um 5 Uhr kamen zu meiner großen Beruhigung und Freude der Oberst Bruley und Freund Stünzner mit der Nachricht an, dass das Regiment König in 1 bis 2 Stunden eintreffen würde. Kurz nach ihnen kam der Leutnant Bärenstein mit dem Rest des Brzeszer Detachements. Er hatte sich bei dieser Gelegenheit als einen sehr guten und brauchbaren Offizier bewiesen und die von Blut getränkten Spitzen und Fahnen der Lanzen der Leute bewiesen, dass sie sich tüchtig gewehrt hatten.

Ich frühstückte mit Freund Bruley und Stünzner in der Stadt und ging dann gegen 9 Uhr zum General. Nach beendetem Vorpostengefechte war ich bei ihm gewesen und hatte ihm den Ausgang desselben sowie das Heranziehen der Vorposten gemeldet mit der Bitte, es dem General Reynier zu melden, was aber leider nicht geschehen ist. Gegen 10 Uhr kam eine Ordre vom General Reynier, worin befohlen war, die Stadt auf jeden Fall zu verteidigen, womöglich Brzesk wieder zu besetzen, Rekognoszierungen gegen den Feind zu machen ohne die Truppen zu kompromittieren, die Kommunikation mit Antopol zu unterhalten und Pruzanna stark zu besetzen, um die dortige Kriegs-Kasse pp. zu decken. Das war allerdings eine schwere Aufgabe für 2 schwache Regimenter Infanterie und ohngefähr 250 Mann abgematteter Kavallerie, die in Brzesk 8.000 Mann und von Dywyn her die Korps von Kamenskoy und Tormassow gegen sich stehen hatten. Es konnte daher zur Befolgung dieser Ordre auch weiter nichts getan werden, als dass 2 Kompanien von Niesemeuschel unter dem Major Bose nach Pruzanna geschickt wurden. Mehrere Spione wurden den Vormittag abgesendet, sowohl nach Dywyn und Mokrany als nach Brzesk. Man fand indes zu diesem Geschäfte nichts als Juden, auf die sich auch nicht im mindesten zu verlassen ist, da ihre angeborene Furchtsamkeit sie verhindert, sich irgend einer Gefahr auszusetzen und sie auch stets dem zugehören, der sie am besten bezahlt.

Die Geschichte des gestrigen Vorpostengefechts sowie die Absendung des Detachements nach Pruzanna wurde dem General Reynier gemeldet und das Bedenkliche unserer Lage bei Kobryn dringend vorgestellt.

Der Tag verging ganz ruhig. Die Nacht legte ich mich mit Stünzner in ein Haus neben dem Biwak der Geka'schen Eskadron und visitierte mehrmals die Vorposten, die ich stets sehr wachsam antraf. Alles war übrigens die Nacht hindurch ganz ruhig. Früh 4 Uhr brachte mir der Leutnant Aster eine

Ordre vom General Reynier, die aber meist nur eine Wiederholung der gestrigen war. Der Leutnant Gößnitz war wieder eingetroffen.

Ein Bataillon König mit 2 Kanonen war auf meinen Antrag die Nacht auf dem Markte zusammenge- zogen worden, sowie ganz Niesemeuschel diesseits der Stadt stand, da nun keine Frage mehr war, dass diese auf das äußerste verteidigt werden müsse, auch der Succurs nur auf dem linken Ufer der Muchawiez kommen konnte. Jenseits stand 1 Bataillon König mit 2 Kanonen unter Major von Bevilaqua nebst der Eskadron des Rittmeisters Matthäi, dem ich Befehl gegeben hatte, die so genannte alte Brezsker Straße, die auf dem rechten Ufer der Muchawiez geht, sowie die von Brzesk nach Horodeschka führende Straße durch fleißige Patrouillen zu beobachten.

Früh nach 5 Uhr kam die Meldung von den auf der Brzesker Straße stehenden Vorposten, dass sich eine große Staubwolke von der feindlichen Seite her nähere. Major Geka und Stünzner ritten sogleich vor erblickten deutlich bedeutende feindliche Kolonen. Ich ließ dies dem General durch Leutnant Einsiedel melden, befahl den Eskadrons aufzusitzen und ging mit der des Major Geka auf der Brzesker Straße vor, wo man die feindlichen Kolonnen deutlich anrücken und aufmarschieren sah. Es war zu besorgen, dass sie mit Schnelligkeit vorrücken könnten und da weder der General selbst noch Befehle von ihm kamen, so übernahm der Major Stünzner und ich die nötigen Anordnungen zur Verteidigung, ließen 2 Kanonen mit 2 Kompanien Niesemeuschel auf die große Brzesker Straße, die beiden anderen Kanonen, über welche der Major Stünzner dem Leutnant Erhard das Kommando übergab, auf die weiter rechts von Brzesk kommende Straße auffahren und den Rest von Niesemeuschel dahin rücken.

Ich eilte in die Stadt, um das Regiment König vom Markt herauszuholen und den Posten der Brzesker Straße einnehmen zu lassen, damit Niesemeuschel wieder die Dywyner Straße besetzen könne, welche jetzt ganz entblößt war. Doch wie groß war mein Erstaunen, als ich keinen Mann von König mehr fand und der General mir ganz ruhig versicherte, er habe sie zum Kochen auf das andere Ufer des Bachs zurückgehen lassen. Bei einem schnelleren Angriff des Feindes hätte dieser Umstand das größte Unglück herbeiführen können; es wurde indes abgeschickt, dass das Regiment schnellstmöglich wieder herüber kommen und den gedachten Posten besetzen sollte.

Der General ritt nun mit mir heraus zu der Eskadron des Major Geka, da sich nun die feindlichen Kolonnen genähert hatten und deren Flanqueurs bereits im Gefechte waren. Der General wollte sich durchaus nicht überzeugen, dass das uns gegenüber stehende Kosaken wären und hielt es für sächsische Husaren. Ich führte ihn indes ganz in die Nähe der feindlichen Flanqueurs und da einige Feuer gaben, überzeugte er sich endlich, dass es wirklich Feinde wären. Er ritt nunmehr zu Infanterie, um daselbst das Nötige anzuordnen und bei uns wurde das Plänkeln etwas heftiger.

Ich hielt mit Stünzner, den wahrscheinlichen Ausgang des Gefechtes überlegend, ruhig auf dem rechten Flügel der Eskadron, als plötzlich 1 Kanonenschuss fiel und die Kartätschen wie Erbsen vor uns niederfielen. Der Feind hatte etwas zu kurz geschossen, sonst würde er uns viel Schaden getan haben. Einige Leute auf dem rechten Flügel wurden etwas unruhig; doch auf einige ernste Worte war die Ruhe wieder hergestellt. Ich blieb in der Absicht, jede möglich Unordnung zu vermeiden, noch einige Minuten ruhig halten. Der Feind schoss noch einmal mit Kartätschen, aber noch kürzer als das erste Mal und ich ließ nun die Eskadron links zurückziehen, um unseren Kanonen die Straße frei zu machen und dann wieder aufzumarschieren.

Das Plänkeln wurde nun sehr heftig und vom Major Piesport kam von der Dywyner Straße her die Meldung, dass der Feind sich auch von dieser Seite mit großer Macht nähere und die Vorposten zurück treibe. Das Regiment König war indes angekommen und hatte die Brzesker Straße, das Regiment Niesemeuschel dagegen die Dywyner Straße wieder besetzt. Ich ließ dem Major Piesport befehlen, sich rechts der Straße gegen den Helbigs Hof zu ziehen und wenn der Feind ihn bis dahin verfolge, ihn ohne Berücksichtigung seiner Stärke beherzt anzugreifen.

Es war nun deutlich, dass wir von der ganzen russischen Armee angegriffen wurden und die von Brzesk her kommenden starken Kolonnen zogen sich immer mehr rechts zu Vereinigung mit denen von Dywyn anlangenden. Es musste nun ein bestimmter Entschluss gefasst werden und ich ritt deshalb mit Stünzner zum General, der am Brzesker Tore bei dem Regiment König war, nachdem ich die Schützen von König zu Unterstützung meiner

Flanqueurs, die vorne sehr heftig gedrängt wurden, vorgeschickt hatte. Der Oberst Bruley war auch beim General und es begann nun die Konferenz, welche das Schicksal des Tages entscheiden musste. Drei Wege zum Rückzug waren noch offen, der erste nach Antopol, für welchen ich am meisten stimmte, da wir uns dadurch dem Korps näherten und es, wenn es uns zum Soutien kam, antrafen. Dieser musste aber, sollte er statt haben, sogleich angetreten werden, da der Feind sich zu Gewinnung dieser Straße sehr eilig rechts zog. Der zweite über Lusziky; dieser gewährte die schon früher gedachten Vorteile und man konnte als dann noch einige Zeit warten, da er jenseits des Bachs war, den der Feind nicht so schnell mit seiner ganzen Macht passieren konnte; allein man hatte noch keine Nachricht von dem Zustand der Brücke daselbst. Der dritte Weg des Rückzuges war nach Pruzanna; für diesen stimmte der Major Stünzner am meisten und er gewährte auch allerdings den Vorteil, dass man Kobryn noch einige Zeit behaupten konnte und die Kasse und Magazine in Pruzanna sicherte, hatte aber den Nachteil der größten Entfernung vom Hauptkorps.

Die erhaltenen Ordres wurden indes nochmals durchlesen und die darin enthaltenen wiederholten Befehle Kobryn auf jeden Fall zu verteidigen bestimmten am Ende den General und alle, an keinem Rückzug mehr zu denken, sondern sich solange als möglich zu verteidigen. Der nicht hinreichende Vorrat von Munition war allerdings sehr bedenklich; auch hatte deshalb der General bereits vom Marsche aus Vorstellung gemacht; indes war die Munition immer auf mehrere Stunden

Gefecht zureichend und da die letztere Meldung an General Reynier alle einstimmig die gewisse Überzeugung eines allgemeinen Angriffs enthielten, diese auch durch das Einrücken des starken Korps in Brzesk sehr augenscheinlich zu sein schien, so setzten wir nun unsere ganze Hoffnung auf die Tapferkeit und den guten Willen unserer Truppen und auf einen baldigen Succurs. General Reynier war den 25ten nur 8 Meilen von uns entfernt gewesen; den 26ten noch 6 bis 7 Meilen. Er konnte also sehr gut nach denen dringenden Meldungen einen Nachtmarsch gemacht haben und den 27ten bei guter Zeit in Kobryn eintreffen. Die erhaltenen so bestimmten Befehle der Verteidigung Kobryns ließen übrigens wohl vermuten, dass die nötigen Vorkehrungen zu Unterstützung im Fall eines überlegenen Angriffs getroffen wären und man nicht 2.500 Mann gegen 20 – 30.000 Mann ihrem Schicksal in einer offenen verteidigungslosen Stadt ganz allein überlassen würde.

Das der Feind so stark sei; dass er Brzesk mit 8.000 Mann genommen habe; dass er von Dywyn her unsere Vorposten angegriffen habe; dass man daher stündlich einem allgemeinen Angriff besorgt war – ich wiederhole es nochmals – mehrmals auf das bestimmteste gemeldet worden und darauf der Befehl eingegangen, Kobryn schlechterdings zu verteidigen.

Während dieser Unterredung hatte die feindliche Kavallerie sich der Eskadron des Major Geka immer mehr genähert und da ich sah, dass eine Attacke erfolgen würde, eilte ich so schnell als möglich und erreichte die Eskadron noch während des Angriffs.

Es waren Kosaken, Baschkiren und Ulanen gegen uns, in Zahl gewiss 3fach überlegen; doch wurden sie gänzlich geworfen und ergriffen, nach sehr bedeutenden Verlust, die Flucht. Unser Verlust war nicht groß, doch hatten wir mehrere Verwundete, teilweise von den Pfeilen der Baschkiren. Ein Unteroffizier war mit einem solchen Pfeil durch den Oberarm geschossen, so dass der Pfeil auf beiden Seiten des Armes heraus stand. Durch die Kosaken waren viele verwundet, doch meist so unbedeutend, dass sie die Eskadron gar nicht verließen.

Wir hatten mehrere Gefangene und Beutepferde; da die Übermacht von feindlicher Seite aber so sehr groß war, so ließ ich Appell blasen und der weiteren Verfolgung Einhalt tun. Wie gewöhnlich ging dieses Sammeln nicht so schnell und ordentlich, als es sein soll und muss, da jeder noch einen Kosaken oder Baschkiren vom Pferde stechen wollte, ohne auf den Trompeter zu hören; doch wurde die Eskadron ohne allen weiteren Verlust formiert.

Das Zutrauen, dass die Leute auf die Lanzen haben, ist unbeschreiblich groß und vermehrte sich noch durch diese wirklich schöne Attacke.

Um mich von den Vorfällen auf jener Seite der Stadt zu überzeugen, ritt ich zum Regiment Niesemeuschel und sah hier die ganzen von Dywyn herkommenden Kolonnen, deren Tete 16 Eskadrons Kavallerie waren, sich zwischen der Stadt und dem Brylower Hof gegen die Antopoler Straße hinziehen.

Von der Equipage ging die Meldung ein, sie habe bei Lusziky übergehen wollen, doch gleich bei dem ersten Wagen sei die Brücke ganz zerbrochen und zwar so, dass sie unter mehreren Tagen nicht wieder hergestellt werden könne; es sei daher alles umgekehrt und die Equipage ginge nun ohnweit Kobryn oberhalb der Stadt durch die Furt, um auf dieser Seite nach Antopol zu kommen. Wilhelm war zu der Equipage kommandiert, meine Angst also doppelt so groß, da bei der schnellen Annäherung des Feindes ein Angriff auf die Equipage unvermeidlich war und wir bei der unverhältnismäßigen Schwäche ihr unmöglich Soutien schicken konnten.

Wirklich erfolgte dieser Angriff auch kurz darauf, doch nur auf die an der Queue der Kolonne fahrenden Vivreswagen, von denen ein großer Teil dem Feind in die Hände fiel.

Wilhelm und der Leutnant Brück hatten indes bei dem Anblick der großen feindlichen Kavallerie-Kolonnen sehr richtig beurteilt, dass sie zur Deckung der Equipage ganz unzureichend wären und ihre Kommandos unnötig aufopferten; sie überließen die Equipage also ihren Schicksal; Wilhelm ließ seine Leute ein Karree formieren, welches Brück mit der Kavallerie sehr gut deckte und so kamen sie ohne bedeutenden Verlust in Kobryn an.

Der Rückzug über Lusziky, auf welchen ich im äußersten Fall noch immer meine Hoffnung gesetzt hatte, war nun also auch unmöglich und das Schicksal, das uns bevorstand, lag deutlich vor Augen. Stünzner und ich dachten nochmals an eine Rückzug nach Antopol, der in diesem Augenblick uns vielleicht noch möglich schien, allein alle Infanterie-Offiziere, mit welchen wir darüber sprachen, versicherten, dass bei der so überlegenen feindlichen Kavallerie und vielen reitenden Artillerie, die Infanterie ohne Frage verloren sein würde, wenn sie die Stadt verlassen müsste. Mit meinem Regiment allein zurückzugehen hielt ich in diesem Augenblick für nicht ehrenvoll und besorgte den guten Geist, der in allen Truppen herrschte, dadurch bei der Infanterie sehr zu schwächen, wenn ich sie jetzt verließe, glaubte auch noch bei einem möglichen Succurs durch einen dann zu nehmenden Ausfall nützlich sein zu können.

Der Rittmeister Matthäi hatte indes melden lassen, dass eine sehr bedeutende feindliche Kavallerie-Kolonne unterhalb der Stadt über den Fluss gegangen sei und er sich außer Stand befinde, ihr zu widerstehen, besonders, da der Major Bevilaqua, welcher vorher mit ihm auf dem rechten Ufer gestanden hatte, auch herüber gezogen worden war, um sich mit den 2 Kanonen, die er bei sich hatte, an der Antopoler Straße aufzustellen, von woher der heftigste Angriff zu kommen schien. Ich befahl also dem Rittmeister Matthäi, sich über die Brücke zurück zu ziehen, auf dem Markt zu marschieren und die Brücke hinter sich aufziehen zu lassen. Die Kosaken drangen gleich hinter ihm in die Vorstadt ein und steckten sie an allen Orten in Brand.

Während dieser Zeit war der Feind gegen die Eskadron des Major Piesport heftig vorgedrungen und ob er gleich unverhältnismäßig stärker war, griff ihn der Major doch an und warf ihn in 2 kurz aufeinander folgenden Attacken ganz zurück. Der Hauptmann Gottschalk, die Leutnants Hagke und Brück wurden dabei blessiert sowie überhaupt der Verlust unserer Seits nicht unbedeutend war, da die feindlichen Husaren sich tapfer gewehrt hatten. Auf erhaltene Meldung ritt ich sogleich hin und traf die Eskadron an Helbigs Hof, aus welchem aber die Feinde heftig schossen. Ich befahl daher dem Leutnant Einsiedel von König, der links von der Eskadron des Majors Piesport die Schützen kommandierte, den Hof anzugreifen und sogleich in Brand zu stecken, da er dem Feinde stets einen sehr vorteilhaften Angriffspunkt gewährte. Die Schützen griffen entschlossen an und in wenig Augenblicken stand der ganze Hof in Flammen und der Feind wurde genötigt, ihn zu verlassen.

Ich vereinigte nun die Eskadrons der Majors Geka und Piesport und stellte sie nahe an der Stadt auf. Da aber das Kanonenfeuer immer heftiger wurde und die feindlichen Kolonnen sich von Augenblick zu Augenblick vermehrten, so dass ein Angriff auf sie ganz unmöglich wurde, so wurden sämtliche Eskadrons auf dem Markt vereinigt und ich musste nun der Infanterie und Artillerie die Verteidigung allein überlassen.

Den Leutnant Pflugk mit 25 Pferden schickte ich zum Major Bevilaqua zum Soutien und ritt mit dem General auch dorthin. Wo nun der Feind, mit wohl 8fach überlegener Macht andrang, auch, da seine Infanterie noch nicht angekommen war, ein Dragoner-Regiment zum Angriff der Stadt absitzen ließ. Das Feuer wurde nun äußerst heftig, der Feind beschoss uns aus gewiss 20 – 30 Kanonen von allen Seiten, und unsere Artillerie beantwortete ihm dieses Feuer vortrefflich. 2 Kanonen waren unter dem Leutnant Erhard auf die Schanze platziert worden, die in der Stadt ist und taten von dort aus dem andringenden Feind viel Schaden.

Während nun auf dieser Seite alles Mögliche geschah, das Eindringen der Feinde zu verwehren, ging von dem Obersten Göphardt, welcher am Brzesker Tore mit einem Bataillon und 2 Kanonen stand, die unerwartete Meldung ein, er habe wegen allzu heftigen feindlichen Feuers, seinen Posten verlassen müssen und zöge sich auf dem Markt zurück. Schnellstmöglich eilte der General mit mir ihm entgegen, um das augenblickliche Wiederbesetzen dieses so wichtigen Postens anzuordnen. Wir trafen wirklich schon alles auf der Retraite gegen den Markt zu; es wurde indes gleich wieder Rechts um – kehrt gemacht und zum Glück drang der Feind nicht schnell genug nach, so dass dieser Posten wieder besetzt werden konnte, dessen Verlust die augenblickliche einzelne Gefangennehmung des Korps zur Folge gehabt haben würde.

Das Kanonenfeuer des Feindes vermehrte sich jeden Augenblick, eine Kanone am Brzesker Tor wurde blessiert, während wir neben ihr hielten, doch wieder in brauchbaren Stand gesetzt.

In dieser Lage der Dinge vergingen 1 bis 2 Stunden. Der Major Bevilaqua hatte die heftigsten Angriffe abzuhalten und tat es mit vieler Entschlossenheit; der Leutnant Pflugk machte mit seinem Kommando eine vortreffliche Attacke, wobei sein Pferd blessiert wurde. Gegen Mittag trafen indes die ganzen feindlichen Infanterie-Kolonnen mit noch mehreren Batterien ein und die Angriffe wurden nun so heftig und das feindliche Feuer so überlegen, dass ein Außenposten nach dem andern verlassen werden musste und die feindlichen Granaten schon mehrere Häuser in der Stadt in Brand steckten. Unser Schicksal lag nun ganz deutlich vor Augen; die Hoffnung auf Succurs war so gut wie ganz verloren, da noch nicht das entfernteste Anzeichen davon zu hören oder zu erblicken war und der geringe Vorrat an Munition für Artillerie und Infanterie sowie die sich stets vermehrende Übermacht zeigte deutlich, dass unsere Verteidigung, die wir unsrer Ehre halber, bis auf den letztmöglichen Augenblick fortzusetzen fest entschlossen waren, nicht länger als noch einige Stunden dauern könnte.

Der General stellte mir anheim, ob ich zu Rettung des bei mir habenden Teils meines Regiments noch etwas tun zu können glaubte; ich ersuchte ihn, den Obersten Bruley, Major Stünzner zu einer Überlegung, welche ich mit den Eskadrons-Kommandanten des Regiments über den Ort, wo man sich vielleicht noch durchschlagen könnte, halten wollte, zu kommen. Die Unterredung hatte auf dem Markt unter einem wirklichen Regen von Kugeln, von welchen mir eine so nah am Kopfe vorbei ging, dass ich auf einige Augenblicke ganz betäubt war, statt. Das Resultat derselben war: dass alle einstimmig, ohne Ausnahme eines einzigen, ihre Meinung dahin äußerten, dass sie jeden Versuch sich durchzuschlagen für ganz unausführbar hielten. Es war dies ein schrecklicher Augenblick für uns alle, vorzüglich aber für mich. Vor wenig Tagen erst hatte ich das Regiment erhalten; in dieser kurzen Zeit hatte ich schon so viele Beweise des Zutrauens der Offiziere, der Tapferkeit der Soldaten gesehen und nun erwartete mich in wenigen Stunden die gewisse Gefangenschaft. Nur der Gedanke an Frau und

Kinder hielt mich ab, nicht sehnlich zu wünschen, dass eine Kugel mich treffen möchte.

In dieser Stimmung ging ich auf die Schanze, wo jetzt 4 Kanonen standen. Von hier schien es mir, als ob die feindliche Kavallerie auf dem rechten Ufer der Muchawiez sich vermindert habe und ich mich hier vielleicht durchschlagen könne. Entschlossen, das Äußerste zu wagen, ritt ich zum Regiment zurück, welches auf dem Markt abgesessen war, ließ aufsitzen und mit links um nach der Brücke marschieren, welche niederzulassen ich dem darauf Posten habenden Offizier anbefohlen hatte. Mit dem vollsten Vertrauen folgten die Leute und versicherten jubelnd, sie würden schon durchkommen.

Es dauerte etwas lange, bis die Brücke herunter gelassen wurde und feindliche Kavallerie, welche unsere Absicht wohl bemerken mochte, ging sehr zahlreich oberhalb der Stadt über die Furt, so dass, wie ich über die Brücke kann, rechts von uns 4 bis 5 Eskadrons formiert sein mochten. Obgleich wir viel schwächer und unsere Pferde sehr abgemattet waren, so war ich doch entschlossen, es mit diesen aufzunehmen. Wir passierte die ganz in Flammen stehende Vorstadt, ich ließ in halben Eskadrons aufmarschieren und ritt zur Avantgarde. Ich verwunderte mich, dass die feindliche Kavallerie, welche etwa 10 Minuten weit rechts stand, sich nur sehr langsam gegen uns vorwärts bewegte und uns also die Straße nach Pruzanna frei zu lassen schien. Doch kaum hatte ich das Hölzchen, welches links dieser Straße liegt, passiert, als ich das ganze schwarze Husaren-Regiment an diesem Holze sowie mehrere Dragoner-Eskadrons auf der Straße nach Pruzanna aufmarschiert sah, so dass also 3 ganze Regimenter nebst mehreren Stücken reitender Artillerie in einem Halbkreis um uns herum standen, einen großen Schwarm Kosaken pp., die mit Geschrei auf uns zu kamen, ohngerechnet. Nun wäre es wohl mutwillige Aufopferung vieler braver Leute gewesen, sich noch durchzuschlagen, vorzüglich, da bei der großen Abmattung unserer sämtlichen Pferde, auch das Entkommen einzelner unmöglich war. Mit schwerem Herzen musste ich also den Befehl zum Rückzug in die Stadt geben. Die Kosaken griffen zwar die Arriergarde mehrmals an, wurden aber stets zurück gewiesen und der Rückzug durch die brennende Vorstadt und über die Brücke, welche gleich hinter uns wieder aufgezogen wurde, in größter Ordnung bewerkstelligt.

Wilhelm hatte indes den Posten auf der Brücke, der einer der gefährlichsten war, bekommen und hat ihn mit größter Standhaftigkeit und Kaltblütigkeit bis auf den letzten Augenblick gehalten.

Ich ließ nun auf Befehl des Generals das Regiment auf dem Klosterhof aufmarschieren, die Pferde koppeln und die Leute in das Kloster gehen, einesteils um nicht unnötig Leute aufzuopfern, da das Kanonenfeuer immer heftiger wurde und auch das Kleingewehrfeuer uns schon erreichte, andernteils damit die Leute den Eingang des Klosters noch mit den Lanzen verteidigen könnten; ich aber ging zum General, der mit Bruley und Stünzner bei der Schanze war. Der Feind war indes immer heftiger vorgedrungen. Der Major Schlieben hatte den Markt sehr lange und mutvoll verteidigt, war dabei auch durch einen Schuss durch den Kopf schwer blessiert worden, durch die große Übermacht, noch mehr aber die nun schon überall brennende Stadt, welche mit Ausnahme des Klosters beinahe nichts als hölzerne Häuser hat, nötigte uns, auch den Markt zu verlassen und die Verteidigung schränkte sich nun ganz auf die Schanze, das Kloster und die Brücke ein.

Von der Schanze war es wirklich ein fürchterlicher Anblick. Auf allen 4 Seiten brannte die Stadt, so dass man vor Feuer und Rauch nicht einen Menschen, der außer der Schanze war, sehen konnte. Das Feuer verursachte eine brennende Glut.

8 Kanonen und 2 Bataillone feuerten unaufhörlich aus dieser kleinen Schanze und der Feind antwortete gewiss mit 10 Batterien und mehreren Infanterie-Regimentern, unter welchen besonders ein Jäger-Regiment sehr heftig vordrang. Feuer und Rauch verhinderte ihn indes auch, die Schanze und den kleinen Distrikt, auf welchem wir standen, genau zu sehen und er schoss im Ganzen viel zu hoch, so dass nur wenig Kugeln in die Schanze selbst einschlugen.

Das Geschrei: „Die Brigade Sahr kommt!" erfüllte auf einen Augenblick alles mit Freuden und meine Ulanen stürzten aus dem Kloster heraus zu ihren Pferden; doch leider überzeugten wir uns bald, dass es nur neue feindliche Kolonnen waren.

Um 1 Uhr ungefähr fing es schon an, fast gänzlich an Munition zu fehlen und bald hörte eine Kanone nach der Anderen auf zu feuern. Umso heftiger drang der Feind nun vor und drohte die Schanze zu stürmen. Eine längere Verteidigung war auch in dem Fall, dass der Sturm abgeschlagen wurde, wegen Mangel an Munition und dem immer mehr Überhand nehmenden Brand der Stadt unmöglich. Der General ließ also Wirbel schlagen und das Feuer aufhören. Sogleich stürzten die Russen von allen Seiten hervor und rissen den Leuten die Gewehre aus der Hand. Bald kamen indes mehrere russische Generals, welche die Offiziers vor Misshandlungen sicher stellten.

Nie werde ich die nun folgenden Stunden vergessen. Ewig lang dauerte das Sammeln und Ordnen unserer Leute und dann wurden wir alle zusammen durch die brennende Stadt in einer fürchterlichen Hitze nach dem Brylower Hof abgeführt, wo das Hauptquartier des Generals Tormassow war. Jetzt erst übersahen wir ganz die Masse von Truppen, welche uns entgegen gestanden hatte. Es waren gewiss nahe an 30.000 Mann, mit einer außerordentlichen Menge Geschütz. Dies war noch unser einziger Trost in der schreckliche Lage, in welcher wir uns befanden.

Im Brylower Hof wurden wir dem General Tormassow vorgestellt, der uns sehr artig empfing und uns mit Lobeserhebungen über die hartnäckige und gute Verteidigung überhäufte. Mehrere Degen, welche wir hatten abgeben müssen, gab uns der General Tormassow selbst mit den Worten zurück: „Männer, welche sich so brav geschlagen haben wie Sie, gehören ihre Degen zurück, ihr Wort ist mir genug."

[34]

Rapport des Rittmeisters Heymann

Rapport

Ew. Hochwohlgebr. verfehle ich nicht von der bei Brzesc gehabten Affaire folgenden ganz gehorsamsten Rapport zu erstatten.

Ich traf am 24ten Juli früh gegen 11 Uhr mit meinem unterhabenden Kommando, bestehend in 70 Pferden, nachdem ich

1 Unteroffz. mit
8 Pferden in Pulkowo auf Kommunikationsposten zurückgelassen hatte, vor Brzesc ein. Ich erkundigte mich bei dem daselbst das Kommando habenden Rittmeister von Mikloschi sogleich nach der Lage der Dinge und ob er von den Bewegungen oder der Annäherung der Russ. Truppen Etwas in Erfahrung gebracht hätte; erlangte aber von ihm keine andere Nachricht, als dass die Russen ihren am weitesten vorgeschobenen Posten bei Ratno hätten und sich abwechselnd in der Gegend von Wlodawa zeigten. Auch versicherte er mich, dass seine Patrouillen seit mehreren Tagen nicht die geringste Spur von einem Feind angetroffen hätten. Ich kam mit ihm überein, dass die Übergabe und Ablösung der Posten um 3 Uhr vor sich gehen sollte. Dieselben wurden von mir auf den nämlichen Punkten wie von Seiten der Österreicher, indem sie mir zweckmäßig erschienen, aufgestellt, der Hauptposten nämlich vor der Stadt und hinter der Muchabietz mit der Front nach diesem Flusse zu in der Nähe des Lazaretts und ohnweit der Straße nach Kobryn; eine vorgeschobene Feldwacht, bestehend in

1 Korporal Fiselius mit
12 Pferden über diesen Fluss an der Verbindung
der daselbst nach Koden und Ruda, sowie weiter
nach Dywyn und Ratno ausgehenden Straßen und
eine 2te Feldwache über Therespol, wo 20 Mann
von den polnischen Grenzjägern, welche von den
Österreichern schon vorher mit zum Dienst ge-
braucht worden, unter Kommando eines Offiziers
aufgestellt waren und denen ich 1 Gefreiten und 2
Mann zugegeben hatte, an der Verbindung der
Straßen nach Boden und Biala.

Der Patrouillengang der ersten Feldwache war bis
über Kaminiez Birkuszi auf der Straße nach Rudi
und bis über Priluki auf der Straße nach Koden am
rechten Ufer des Bugk bestimmt; der der zweiten
drei Stunden weit auf der Straße nach Boden an
dem linken Ufer des Bugk sowie rechts auf der
Straße nach Biala, der erstere Posten war befehligt,
noch abwechselnd Kommunikations-Patrouillen
rechts nach dem Bugk zu, den Posten von Therespol gegenüber sowie links nach der Muchabitz den
Haupttrupp gegenüber bis an die Furt, welche dort
durch die Muchabitz führt, abzuschicken. Auf diese
Art konnte sich weder der Stadt Brzesc noch dem
Haupttrupp irgendetwas Feindliches unbemerkt
nähern.

In der Stadt hatte ich noch einen Posten von

1 Unteroffz. mit
8 Pferden teils als Polizeiwache, teils als Kommunikationsposten aufgestellt.

Es war von mir die Disposition getroffen, dass von
Abends 8 Uhr an bis gegen Morgen nach oben

bemerkten Richtungen alle zwei bis drei Stunden Patrouillen abgeschickt werden sollten, um zu allen Stunden der Nacht von der Annäherung des Feindes unterrichtet zu sein.

Abends gegen 7 Uhr, als ich eben von Aussetzung der Posten und Rekognoszierung der Gegend zurückgekehrt, war ein Edelmann aus Kaminiez Biskupze daselbst angekommen, welcher die Nachricht brachte, dass sich daselbst und 3 Stunden von der Stadt 1 Trupp von ohngefähr 15 Kosaken gezeigt hätte. Ich begab mich sogleich zum Haupttrupp und instruierte eine Patrouille unter dem Gefreiten Rhone von der 7ten Komp. in Begleitung des Edelmanns dahin abzugehen und mir bestimmte Nachricht von der Stärke des Feindes zu überbringen. Hierauf hatte der Korporal Fiselius die von mir anbefohlenen Patrouillen und zwar die eine unter dem Gefreiten Uhlemann von der 7ten Komp. ebenfalls nach Kaminiez Biskupzi, die andere aber unter dem Gefreiten Lange von der 4ten Komp. nach Priluki abgeschickt. Ich erwartete die Zurückruft dieser Patrouillen auf dem Markte in Brzesc, wo ich am schnellsten von allen Punkten her unterrichtet sein konnte und wo der Korporal Hermsdorf mit seinem Trupp in immerwährender Bereitschaft war aufsitzen zu lassen. Gegen 1 Uhr in der Nacht kam der Gefreite Uhlemann mit seinen Mannschaften in Karriere zu mir und meldete:

1) Dass er auf dem Hinweg und nicht weit von Kaminiez Biskupze dem Gefreiten Rhone begegnet, welcher daselbst nichts angetroffen haben wollte.

2) Dass er selbst noch über bemerkten Ort hinaus gegangen und dort auf einen Trupp von ohngefähr 20 Kosaken gestossen, von welchen er attackiert und bis auf den Posten des Korporal Fiselius verfolgt worden sei.

3) Dass er die Patrouille unter dem Gefreiten Lange ebenfalls auf der Retirade von Priluki her angetroffen.

4) Dass der Korporal Fiselius so eben und wahrscheinlich mit Übermacht angegriffen worden sei sowie dass der Feind binnen kurzem in die Stadt eindringen werde.

Unter diesen Umständen gab ich dem Korporal Hermsdorf Befehl, alles, was sich in die Stadt retirieren würde, zu sammeln und sich bei Überlegenheit des Feindes unter Blänkern langsam zurück zu ziehen; aber es war in diesem Augenblick nicht möglich, die vor Therespol aufgestellten 3 Ulanen zu benachrichtigen, ohne den abzuschickenden Mann zu riskieren.

Ich für meine Person begab mich eiligst zu dem Haupttrupp und stellte denselben eine kleine Viertelstunde hinter der Stadt, rechts von der Straße nach Kobrin auf. Unterdessen waren auch die Gefreiten Rhone und Lange bei mit eingetroffen und hatten die vorhergegangene Meldung des Gefreiten Uhlemann bestätigt. Hierauf schickte ich dem Korporal Hermsdorf 6 Mann Verstärkung unter dem Prem.leutn. v.Bärenstein mit dem Befehl zu, von der Stärke des Feindes möglichst bestimmte Nachricht einzuziehen. Zugleich ließ ich schwache Patrouillen in meiner rechten und linken Flanke abgehen, um auch von dorther von der Ankunft eines Feindes bei Zeiten benachrichtigt zu werden.

Der Prem.leutn. v.Bärenstein traf den Korporal Hermsdorf an der Brücke dicht vor der Stadt an und schickte mir die Meldung zurück, dass der Feind in einer starken Kolonne und sehr rasch auf ihn avanciere; doch verhindere ihn die vorliegende Stadt und die Dunkelheit der Nacht seine Stärke ganz zu beurteilen.

Ich gab ihm Befehl, sich nach und nach zurück zu ziehen und sich hierauf hinter meinem Trupp zu sammeln, um so dann bei einem Angriffe mir wiederum zum Sukkurs zu dienen.

Der Feind war mir unterdessen nahe gekommen und en Linie aufmarschiert, 25 Schritt vor meiner rechten Flanke war ein trockener Graben. Hinter diesen blieb ich unbeweglich halten und als der Feind im Begriff war, über ihn zu setzen, ließ ich von der Stelle aus mit dem Pistol Feuer geben. Er fing an zu wanken; ich zog mich zugleich links, um den Graben zu passieren und attackierte ihn in seiner rechten Flanke. Diese wurde sogleich zum Weichen gebracht, da mir aber der Feind in der Front sehr überlegen war, so leistete die linke Flanke noch den mehreren Widerstand und der Feind schien sich wieder setzen zu wollen. Ich nahm daher selbst einen Zug von ohngefähr 12 Pferden und warf mich auf dieselbe, wo ich auf den Rittmeister stieß, welcher die Eskadron führte, ihn verwundete und die um ihn versammelten Mannschaften zum Weichen brachte. Der Prem.leutn. v.Bärenstein unterstützte mich bei dieser Gelegenheit mit seinem beweglichen Trupp auf das Kräftigste, tournierte die linke Flanke des Feindes und derselbe wurde nunmehr gänzlich geworfen.

Ich ließ ihn bis an die nahe der Stadt gelegene Brücke verfolgen, glaubte mich aber, da ich vermuten musste, dass der Feind in der Stadt noch Soutane habe, in dieses Defilée nicht wagen zu dürfen. Ich hatte dem Feind 12 Gefangene und mehrere Beutepferde abgenommen, Fünf Tote hatte er, wie ich mich selbst überzeugte, auf dem Platz gelassen.

Ich sammelte die Mannschaften und stellte mich noch weiter rückwärts als vorher an der Straße nach Kobrin auf, um nötigen Falls in dieser Richtung meinen Rückzug antreten zu können.

Indem ich aber bist dahin noch keinen Rapport von dem Korporal Fiselius von der wahren Stärke des Feindes erhalten hatte; so hielt ich es für Pflicht, sowohl nach der Stadt zu, als auch in meiner linken Flanke über die Muchabitz nochmals Patrouillen abzusenden, welche befehligt waren, auf alle Fälle ganz bestimmte Nachricht darüber zurück zu bringen.

Kaum aber waren dieselben abgegangen; so avancierte eine sehr starke Kolonne in Galopp auf meinen Trupp; es war nicht mehr Zeit, das Gefecht zu vermeiden. Ich stürzte mich daher in Karriere auf den Feind und mit solchem Erfolg, dass ich ihn den halben Weg bis nach der Stadt zurück warf. Dort fand ein kurzer Stillstand des Gefechtes statt, indem es den Unsrigen nicht weiter möglich war, die überlegene Masse zurück zu drängen und der Feind sich Abstand nahm, von derselben Gebrauch zu machen.

Bald überzeugte ich mich aber selbst, dass er wenigstens 4mal stärker und im Begriff sei, mich in beiden Flanken zu überflügeln und einzuschließen. Nur ein rascher Rückzug konnte die Gefangennehmung oder die Vernichtung des Ganzen vermeiden lassen. Derselbe wurde daher von mir selbst kommandiert und in möglichster Ordnung im Galopp angetreten.

Nach Zurücklegung von ohngefähr 300 Schritt stürzte ich mit dem Pferde, erhielt durch diesen Sturz eine Kontusion und wurde, als ich auf der Erde lag, durch einen Lanzenstich in der linken Seite verwundet. Von dem Feinde ganz umringt und den Meinungen abgeschnitten, wurde mir jede Verteidigung unmöglich und ich ergab mich als Gefangener. Zugleich wurde der Sousleutn. v.Saltza, welcher durch 4 Lanzenstiche verwundet, sich nicht länger auf dem Pferde halten konnte und 14 Mann, unter denen sich 6 leicht Blessierte und 3 schwer Blessierte befanden, gefangen genommen. Bis gegen Abend brachte man noch 12 Gefangene nach Brzesc, unter denen 3 Blessierte und die übrigen teils mit dem Pferde gestürzt, teils wegen Ermüdung derselben, dem mit Übermacht verfolgenden Feinde in die Hände gefallen waren.

Der Prem.leutn. v.Bärenstein war nämlich 1 $\frac{1}{2}$ Stunden weit von mehr als 150 Mann ununterbrochen verfolgt worden. Er hatte zu drei wiederholten Malen versucht, sich zu setzen; es war ihm aber wegen Überlegenheit des Feindes nicht eher als 1 $\frac{1}{2}$ Stunden vor Bulkow gelungen. Dort war er an einem

Holzrande aufmarschiert, hatte Blänker vorgeschickt und den Feind sodann von dem weiteren Verfolgen abgehalten; noch vorher war der Korporal Fiselius zu ihm gestoßen, der, nachdem seine Retirade zu dem Haupttrupp durch die Furt der Muchabietz nicht mehr sicher gewesen, sich auf gutes Glück in die Stadt geworfen hatte und unter Begünstigung der Nacht nur mit Mühe durchgekommen wär.

Der Verlust bei dieser Affaire besteht unserer Seite in 8 Toten oder Vermissten, unter welchen die 3 Mann, welche vor Therespol aufgestellt waren, mit begriffen und die, da der Feind von dieser Seite her keinen Angriff gemacht, sich wahrscheinlich in das Herzogtum Warschau zurück gezogen haben; in 2 blessierten und gefangenen Offiziers und 26 Gefangenen Unteroffiziers und Gemeinen, unter denen sich 12 Blessierte befanden.

Der Verlust des Feindes kann mit Genauigkeit nicht angegeben werden, doch muss er nach 2 Attacken und da der Versicherung des Prem.leutn. v.Bärenstein zu Folge sehr viele einzelne Nachsetzende von den Unsrigen teils getötet, teils blessiert wurden, im Verhältnis sehr bedeutend sein. Derselbe hat noch 3 Gefangene und 7 Beutepferde nach Kobrin gebracht. Die übrigen Gefangenen waren während der Retirade entkommen.

Ich darf nicht unbemerkt lassen, dass bei dieser Affaire sämtliche mir untergebenen Mannschaften eine nicht gewöhnliche Entschlossenheit und Bravur bewiesen haben, durch welche bei weniger unverhältnismäßigen Streitkräften des Feindes nur der günstigste Erfolg hätte herbei geführt werden können.

Aber der Feind hatte bei der ersten Attacke mit wenigstens 150 Mann und bei der zweiten mit mehr als 300 Mann des Tataren-Ulanenregiments unter Kommando des Obersten v.Knorrig angegriffen, derselbe hatte mit dem Rest seines Regiments und 2 Kanonen en Reserve gestanden und die Avantgarde des Korps des Grafen Lambert gebildet, welches aus 10.000 Mann bestand und am 24ten ohne aufzuhalten einen Weg von 6 Meilen bis nahe an Brzesc zurückgelegt hatte.

Die Dunkelheit der Nacht, die Entbehrung bestimmter Nachrichten, welche ich durch den Korporal Fiselius hätte erhalten können, die vorliegende Stadt, durch welche sich der Feind maskierte und sein rascher Angriff in Masse, mussten mich über seine wahre Stärke in Ungewissheit lassen und es blieb mir nichts übrig, als auf meinem Posten die Ehre der Sächs. Waffen zu behaupten und nach den möglichsten Anstrengungen zuletzt noch alles zu versuchen, um wenigstens den größten Teil des mir anvertrauten Kommandos zu retten.

Luzk, am 12ten August 1812

Carl Ernst Heymann

Capitaine

Rapport Major von Seydlitz

An
Herrn Obersten von Langenau
Hochwohlgebr:

Ew. Hochwohlgebr: melde ganz gehorsamst, dass die von der Division des Feld Marsch:Leutn: Frimont längs der Pinna gestandenen Vorposten heute Nacht eingezogen wurden und die Division heute, als den 24ten, ihren Marsch nach Lahichini nimmt. Es bleibt zwar nach der Versicherung des Feld Marsch:Leutn. Frimont noch heute den ganzen Tag eine zwischen Lahichini und Pinsk befindliche Zugbrücke besetzt, ich zweifle aber, dass diese Besetzung länger als bis zum Übergang des letzten Mannes dauern wird. Ich lege Denenselben einen Abriss der hiesigen Gegend bei[7].

Seit zwei Tagen haben die Russen den Übergang bei Kuzelin versucht und sind von der österreichischen Arriergarde davon abgehalten worden; es ist indes nicht zu bezweifeln, dass, sobald sie den gänzlichen Abzug der Österreicher gewahr werden, sie den Übergang mittelst Herstellung der Brücke bewerkstelligen. Nach mehreren Nachrichten erwartet man selbst, dass sie auf höheren Punkten übergegangen noch diese Nacht nach Janowa kommen dürften. Anfänglich habe ich die Versuche zum Übergehen für Rekognoszierung oder Maske ihres eigenen Rückzugs gehalten, da indessen das sächsische Korps noch soweit zurück ist und ihnen

---

[7] Die Karte war in der Akte nicht enthalten.

bestimmte Nachrichten über die Bewegungen der österreichischen und sächsischen Truppen doch nicht fehlen können, so wird es sehr wahrscheinlich, dass es eine Unternehmung auf Pinsk wenigstens, um den Rest des Magazins zu verderben und die Einwohner für ihren Patriotismus zu züchtigen; das allgemeine Flüchten der Edelleute lässt, dass sie ein dergleichen Ereignis fürchten, deutlich bemerken.

Ich habe, um mich für einen Abschneiden zu sichern, da man in Pinsk ganz im Winkel ist und um auch übrigens mich mit mehr Gewissheit von ihren Bewegungen zu unterrichten, es für nötig erachtet, hier bei Duboy Posten zu nehmen; der Rittmeister v.Pflugk steht mit 42 Pferde 3/4 Stunden von hier bei Kalizyn an einer da befindlichen Brücke über den Rutzky, den Premierleutn. v.Oertzen habe ich mit 30 Pferden in Pinsk zurück gelassen, der Rest der Eskadron ist hier bei mir.

Zu meiner Verstärkung habe ich den in Osarewitsch gestandenen Leutn. Ziegler und Klipphausen mit denen bei sich habenden 24 Pferden hierher beordert, ich werde, wenn er eintrifft, Janow noch besetzen und den Posten vom Rittmeister v.Pflugk verringern; in dieser Stellung glaube ich Pinsk zu decken, den Feind näher zu beobachten und mich für einer üblen Situation zu sichern. Auf den beigelegten Abriss sollte sich die Straße von Pinsk nach Lahichini mehr nach Abend wenden.

Von einer heute Nacht an die Brücke nach Kuzelin geschickten Patrulle, welcher ich überlassen habe, wenn der Feind nicht übergeht, dort stehen zu bleiben, habe ich bis jetzt noch keine Nachricht.

Sollte der Feind wirklich mit einer starken Partei nach Pinsk vordringen und unsere Avantgarde könnte Janow erreichen, so wäre ein vortrefflicher Coup auszuführen. Übrigens ist es wahrscheinlich, dass immer noch das Korps des General Kaminsky, welches hier wieder vorzurücken bemüht ist, während allen Nachrichten nach der General Tormassow sich nach Luck zurück zieht und die Magazine mit größter Eile von dortiger Gegend abführen lässt.

Mittelst Eskorte will ich noch versuchen diesen Rapport über Janow an Ew. Hochwohlgebr: zu senden und bitte ich ganz gehorsamst ihm den Hrn. General v.Gablenz mitzuteilen.

Biwak bei Duboy am 24ten Juli, Morgens um $1/2$ 2 Uhr, 1812

Ferdinand von Seydlitz
Major

Die Gefechte zwischen den Österreichern und Russen waren nur immer über das Wasser oder im Sumpfe, wo sich die Infanterie gegenseitig auf weite Distanzen beschossen hat; indessen hat sich mehr als eine Division Infanterie so viel wie 2 Kompanien, noch nicht bei Kuzelin gezeigt; übrigens sind Kosaken, Husaren und Dragoner bei diesem Korps.

Das Offizierskorps des Regiments Prinz Clemens Chevauxlegers im Feldzug 1812

Oberst

Zezschwitz, Johann Adolf v.	06.07.1812

Majors

Gecka, Carl Friedrich v.	24.03.1810
Seydlitz, Ferd. Fürchtegott v.	14.02.1811/aggr.†

Adjutant

Einsiedel, Haubold v. Pltn.	31.08.1811

Regiments-Chirurg

Kretzschmar, Johann David	26.07.1811

Capitäns

Piesport, Ludwig Frhr. v.	16.08.1809
Matthäi, Friedr. Aug. Heinrich	30.03.1810
Schultz, George v.	01.04.1810
Hann, Gottlieb Heinrich	02.04.1810
Baumann, Gustav Adolph v.	02.12.1810
Pflugk, Friedr. August	13.02.1811
Heymann, Carl Ernst	23.11.1811
Gottschalck, August Friedrich	12.03.1812

Premierleutnants

Oertzen, Friedr. George Hen. v.	16.08.1809
Hann, Ludwig Carl	29.03.1810

Bärenstein, Reinhold v.	04.04.1810
Zehmen, Julius v.	21.10.1811
Ludwigen, Gottlob Moritz v.	23.11.1811
Feilitzsch, Wilhelm v.	11.03.1812

Sousleutnants

Funck, Carl Aug. Ferd. v.	13.08.1808
Funck, Moritz v.	26.04.1809
Engel, Carl August Max. v.	27.12.1809
Pflugk, August Gottlob	20.05.1810
Einsiedel, Alex. Friedr. Haub. v.	21.05.1810
Brück, Carl Ludw. Wilh. Chr. v.	24.05.1810
Hacke, George August v.	20.06.1810
Pötzsch, Carl Ferdinand	13.02.1811
Schletter, Friedrich Gottlob	13.03.1811
Gabian, Heinrich Wilhelm	07.08.1811
Salza u. Lichtenau, Friedrich v.	09.09.1811
Schweinitz, Carl Gustav v.	21.02.1812
Kracht, August Friedrich v.	04.03.1812
Oppel, Carl Friedrich v.	24.03.1812

† während des Feldzug gefallen

Der im Text genannte „Wilhelm" ist

Friedrich Wilhelm v.Zezschwitz, Sousleutnant im Regiment v.Niesemeuschel (Patent 02.04.1810)

[48]

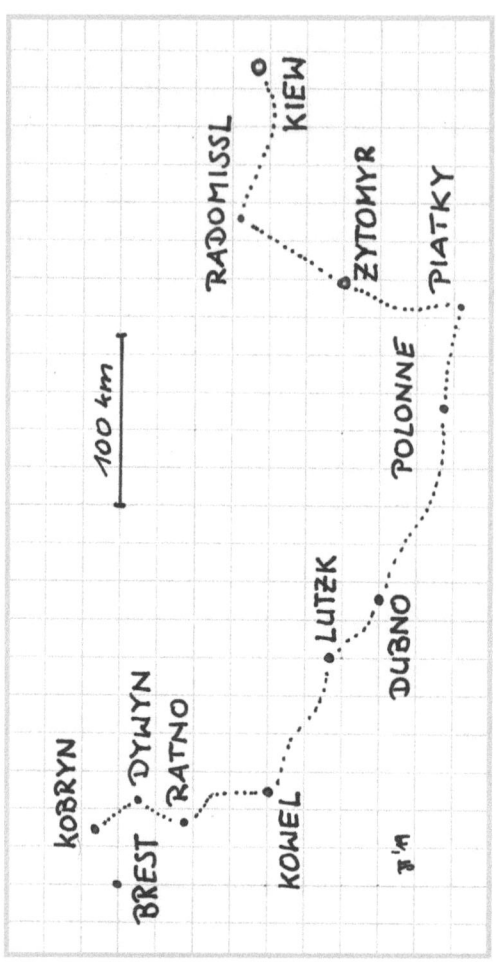

Abb. 02   Marschroute von Kobryn nach Kiew
(Hrsg.)

Heinrich Christian von Klengel

Befehle
30.07.1812 - 28.02.1813

Vorbemerkung

Mit Gefangennahme der Brigade Klengel bei Kobryn am 27.07.1812 hörte der bestehende Brigadeverband nicht auf zu existieren.

Diese Beibehaltung der militärischen Ordnung innerhalb des Brigadeverbandes ist von den Russen anerkannt worden und scheint ein wesentlicher Grund dafür gewesen zu sein, dass der Brigade eine weitgehende Selbstverwaltung zugestanden wurde und dadurch die Behandlung - nach Aussage des Generals v.Klengel - eine bessere gewesen zu sein scheint.

Das Ordrebuch[8] des Regiments König, dem die nachfolgenden Befehle entnommen sind, enthält 93 Dokumente und wurde vom 30.07.1812 bis zum 11.12.1813 geführt.

Die Zeit der russischen Kriegsgefangenschaft sächsischer Soldaten während der Jahre 1812 und 1813 bedarf sicher noch einer näheren historischen Betrachtung, der sich sogar ein heute sozialisierter Historiker sanktionsfrei unterziehen könnte.

---

[8] Vollständiger Titel: „Befehle und Orders während der Gefangenschaft bis zum Eintreffen in Dresden so an den bei Kobryn in Gefangenschaft geratenen Teil des Infanterie Regiments König erlassen worden sind"

No.1

Dywyn am 30ten July 1812

1) Die fassenden Offiziers gehen heute mit den quartiermachenden Offiziers der russ. Armee voraus, um die Lebensmittel für Offiziere, Unteroffz. und Gemeine in Empfang nehmen zu können, damit bei unserer Ankunft sogleich Alles gehörig verteilt werden kann. Es werden 3 Fleischhauer aus den Rgt.ern mitgenommen

2) Denen Stabs-Offiziers wird 2 Pfd. Fleisch, den übrigen 1 ½ Pfd. ausgesetzt, wollen dieselben mehr oder weniger haben, so müssen sich sämtl. Hrn. Stabs-Offiziers zusammen bereden, damit diese Eingabe gleichlautend wird, weil ihnen solches von dem, was ihnen zu ihrer Verpflegung an barem Gelde ausgesetzt ist, abgezogen.

3) Alle Eingaben und sonstige Wünsche, die die Regimenter haben könnten, werden an mich eingereicht, alle einzelnen Eingaben an den Hrn. Oberst Reichel werden zurückgewiesen. Alle Stabs- und Ober-Offiziere werden heute namentlich an mich eingereicht. Da es nicht möglich ist, Fuhren aufzutreiben, so werden die Offiziers es sich gefallen lassen, noch 3 Märsche zu Fuß zu machen.

4) Den Betrügereien der Juden wird der Oberst Reichel vorbeugen, daher die Offiziers sich enthalten mögen, nichts eher von denen selben zu kaufen, bis die Taxe derselben in Artikeln bekannt gemacht worden ist.

5) Alle Märsche werden militärisch fortgesetzt in Rotten und Glied; jeder Unteroffizier bleibt bei seiner Kompanie und Abteilung.

6) Das gute Vernehmen mit den russ. Truppen wird aufs beste anempfohlen, die geringste Übertretung wird aufs schärfste bestraft.

7) In allen Marschquartieren ist ein Fourier des Hrn. Oberst Reichel, es wird tägl. vorm Abmarsch die Kompanie verlesen sowie auch bei Ankunft derselben, ob auch Alles beisammen ist. Disziplin und Subordination ist nicht aufgehoben; sondern so gehandhabt, wie sie in der Sächs. Armee eingeführt.

8) Der Soldat, so sich entfernt, um sich zu befreien und wiedererlangt wird, wird aufgehängt:

Um in allen eine nötige militärische Ordnung zu erhalten, wird folgendes angeordnet:

1) Ein Wachtmeister oder Feldwebel hat tägl. die Aufsicht in seinem resp. Regt.: dieser inspektiert alles und hält auch die größte Ordnung.

2) Morgen beim Abmarsch haben die Ulanen die Tete, dann folgt die Artillerie, das Regt. König und Niesemeuschel. Übermorgen wird entgegengesetzt und das Regt. Niesemeuschel hat die Tete, die Ulanen die Queue. Es wird in dieser Weise fortgefahren.

3) Für die Fertigung aller einzureichender Etats wird die größte Richtigkeit anempfohlen, die Herren Kapitains sind für deren Richtigkeit

verantwortlich und müssen dann die Verpflegung der Mannschaften bestreiten, die in den Etats nicht aufgeführt sind.

4) Die namentlichen Anzeigen der Unteroffz. und Gemeinen müssen heute noch eingereicht werden.

———

No.2

Befehl vom 31.Juli 1812 vom Hrn. G^{ral} von Klengel

1) Morgen um 6 Uhr früh bricht das Detachement auf nach dem Dorfe Datin, folgendermaßen: König hat die Tete, dann folgt Niesemeuschel, Artillerie, Ulanen. Nach der Infanterie folgt das Lazarett

2) Die Herren Offiziers du jour werden sich die Mühe geben und im Hospital alle mögliche Reinlichkeit beobachten lassen als auch dafür Sorge tragen, dass die Kranken ihre regelmäßige Verpflegung erhalten.

3) Sobald Generalmarsch geschlagen wird, stehen die Leute auf, beim zweiten Trommelschlag sind die Pferde zu satteln, stellen sich die Mannschaften in Reihen und Gliedern, beim Appell brechen sich die Züge in Pelotons und beim Feldmarsch wird der Marsch angetreten.

4) Es ist mir anzuzeigen, wie viel Mannschaft seit der Übergabe gestorben sind sowie auch der Name des Ulanen, welcher sich auf dem heutigen Marsch entfernt hat. Den Truppen ist bekannt zu machen, dass diejenigen Kompanien oder Eskadrons, von welchen sich wieder ein

Mann selbst ranzionieren sollte, auf Befehl des Hrn. Oberst v.Reichelt mit der größten Strenge eskortiert und bewacht werden, auch binnen 3 Tage kein Fleisch für Verpflegung erhalten wird.

v.Klengel

An sämtliche Herren
Adjutanten des Korps

———

No.3

Innere Einrichtung des Dienstes

1) Alle in der Sächs. Armee bestehenden Disziplin und Subordinationsgesetze bestehen noch jetzt in voller Kraft.

2) Da die Herrn Offiziers ihr Ehrenwort gegeben haben, sich nicht auf ungesetzmäßige Art aus der Gefangenschaft zu befreien, so hat der Hr. Oberst von Reichel ihnen die Freiheit gestattet, aus den Quartieren und zu denen Mannschaften ungehindert gehen zu können.

3) Bei jedem Regt. ist tägl. 1 Offz. du jour und 1 von der Inspektion. Ersterer besorgt die Fassungen im Ganzen, letzterer die Verteilung derselben und sorgt dafür, dass die Leute ordentlich kochen. Sie erhalten beide Zeichen vom Hrn. Obersten von Reichel signiert, auf welche sie das Recht haben, Mannschaften zu Besorgung der nötigen Dienstgeschäfte aus den Quartieren zu holen.

4) Jede Komp. wird von ihrem Wachtmeister oder Feldwebel, wo dieser fehlen sollte, von den

Estandart Junker oder Sergeanten kommandiert. An diese haben die Leute ihre Wünsche vorzutragen und er wird sie weiterbefördern. Sie erhalten gleichfalls Zeichen vom Herrn Obersten von Reichel, auf welche sie jederzeit frei heraus gehen können, um zu ihren Offiziers zu kommen. Sie müssen es sich zur ersten Pflicht machen, Ordnung und Zufriedenheit unter den Mannschaften zu erhalten und vorzüglich darauf zu sehen, dass keiner entweiche; um durch diesen Geist der Ordnung und des Gehorsams dem Herrn Obersten von Reichel für seine Güte gegen uns einen Beweis des Danks zu geben.

5) Ein Offz. des Korps hat täglich die Aufsicht über die Kranken und ist verpflichtet dafür zu sorgen, dass sie das ihnen gebührende richtig erhalten. Sowie daran etwas mangelt, hat dieser Offizier es sofort an mich zu melden.

6) Mit dem zum Quartiermachen von den Hrn. Oberst von Reichel kommandierten K. Russ. Offz. geht immer einer von den Sachsen voraus, um ihm in diesem Geschäft beizustehen. Es ist besonders auf soviel als möglich geräumiges und trockenes Unterkommen zu sorgen, sowie auch, dass wo möglich hinreichendes Stroh herbeigeschafft werde.

7) Ein anderer Offz. geht mit dem russ. Offz. voraus, um für die Verpflegung der Gefangenen zu sorgen. Es ist jetzt das wichtigste Geschäft und erfordert also die größte Aufmerksamkeit. Der Hr. Oberst v. Reichel trägt gewiss alles Mögliche bei, um unsere Soldaten so gut als möglich zu verpflegen und alle Mittel dazu

anzuwenden. Dieser Offizier nimmt die Bäcker, Fleischer und einen Unteroffizier zu Besorgung der nötigen Vorrichtungen für die Kranken mit und muss einen Etat der nötigen Portionen haben. Das Mehl wird sodann den Bäckern sobald als möglich übergeben und die dann gefertigte Summe der Pfunde Brot genau aufgezeichnet, um eine gleiche Repartition unter die Regimenter machen zu können. Es werden den Bäckern die nötigen Öfen angewiesen werden, sie sind für gutes Backen des Brots verantwortlich. Auf die Portion werden 2 Pfd. Brot gerechnet. Die Fleischer gehen sogleich mit dem Offz. voraus und erwarten den Hrn. Oberst von Reichel in einem Quartier, um das Gewicht des Viehs, was derselbe kaufen wird, zu taxieren und dann gleich zu schlachten. Es wird auf den Mann ½ Pfd. Fleisch gerechnet. Diese Verpflegung wird den Mannschaften von dem, was ihnen als Sold ausgesetzt, abgerechnet, es ist also doppelte Pflicht des Offiziers dafür zu sorgen, dass der Soldat, das was er bezahlt, gut und genießbar erhalte.

———

No.4

Befehl den 7. August 1812

Die gestrige mangelhafte Brotverpflegung des Rgt.s v.Niesemeuschel liefert abermals einen Beweis, dass die diensthabenden Offiziers nicht durchgängig ihre Schuldigkeit tun. Der Oberst v.Zezchwitz hat sich gestern persönlich der Verpflegung angenommen und den fassenden Offizier mündlich anbefohlen, nicht eher abzugehen, bis das gehörige Brot geliefert worden sei und es ihm sodann zu melden.

Der Leutn. Elterlein hat weder das dem Regt. v.Niesemeuschel gehörige Brot richtig empfangen, noch den Oberst v.Zezschwitz die anbefohlene Meldung erstattet. Ein Fall, wo ein Offizier seine Dienstpflichten vorzüglich auf Unkosten der Mannschaften in dieser Maßen aus den Augen setzt, verdient die nachdrücklichste Ahndung und nur die Vorbitten des Hrn. Oberst v.Reichel konnte meinen Willen aufheben, den Leutn. v.Elterlein arretieren und unter russischer Bedeckung transportieren zu lassen. Ich erinnere nochmals auf das ernstlichste, ja den Glauben abzulegen, als habe in der Zeit unserer Gefangenschaft die militärische Ordnung und Disziplin aufgehört. Sie dauert in jedem Detail zur Erhaltung eines guten Ganzen fort und wer da wider handelt wird mit der größten Strenge von mir bestraft werden.

In dem ausführlichen Rapport, den ich jetzt dem kommandierenden General vortragen werde, wird der Leutn. v. Elterlein nicht ungenannt bleiben.

v.Klengel

————

No. 5

Brigadebefehl

Es ist denen Mannschaften bekannt zu machen, dass ich von dem kommandierenden Hrn. General Leutn. v.Lecoq die Nachricht erhalten habe, dass jeder Unter Offizier oder Gemeine der Brigade, welcher sich ranzioniert und bei der Armee eintrifft;

daselbst als Deserteur betrachtet und vor ein Kriegsgericht gestellt wird.

Dorf Naschitze d. 12^n August 1812

v.Klengel

————

No. 6

Befehl den 17ten August 1812

Es ist unumgänglich notwendig, dass die Verteilung der Vorspann mit mehrerer Ordnung als zeither erfolge, indem es die Pflicht eines Jeden ist, zuvörderst für das möglichst bequeme Fortkommen der blessierten und kranken Herren Offiziers, Unteroffiziers und Gemeinen Sorge zu tragen, die Pflicht aber bisher öfters aus den Augen gesetzt worden ist.

Zur Erreichung dieses Zweckes befehle ich demnach hierdurch, dass jedesmal einer der Herren Stabsoffiziers die Verteilung der Transportmittel übernimmt und sich diesem Geschäft mit der größten Sorgfalt unterzieht. Derjenige Stabsoffizier, welcher die Inspektion hat, empfängt von sämtlichen Adjutanten am Abend vor dem Abmarsch die Meldung: wie viel Offiziers - sowohl kranke als gesunde - Unteroffiziers und Gemeine auf dem folgenden Marsch zu fahren sind und entwirft danach die Einteilung; derselbe ist ferner früh beim Aufbruch gegenwärtig und dann erst, wenn alle Kranken und Blessierten untergebracht sind, wird die übrig bleibende Vorspann an die Gesunden verteilt. Sollte es an Wagen mangeln, so hat der Major der Inspektion dem Obersten v.Reichelt

solches noch Abends vor dem Abmarsch aufzu-
zeigen, damit derselbe zu Beitreibung der noch
erforderlichen Vorspann die nötigen Befehle geben
kann.

Zur Inspektion auf heute Herr Major v.Wolframsdorf.

Morgen früh wird 6 Uhr aufgebrochen.

v.Klengel

———

No. 7

Auf den jedesmal zu erteilenden Befehl wird von
jedem Regiment ein nach beigefügtem Schema ge-
fertigter Rapport an mich eingereicht.

Zaslow, d. 19. Aug. 1812

v.Klengel

Bestands Rapport

des Linien-Infanterie-Regiments König

Dasselbe bestand en 27n Juli an Gefangenen in

25 Offiziers
85 Unteroffiziers inkl. der Musik
968 Gemeinen
Sa.   1078 Mann

Besteht demnach an Gesunden in:

24 Offiziers
73 Unteroffiziers inkl. der Musik
880 Gemeinen
Sa.   977 Mann

Kranken

3 Unteroffiziers
43 Gemeine
Sa.   46 Mann

Blessierten

1 Offizier
2 Unteroffiziers
32 Gemeine
Sa.   35 Mann

Fehlen annoch von obigen Bestande
7 Unteroffiziers und
10 Gemeine, welche desertiert sind
3 Gemeine, welche gestorben
Sa.   20 Mann

N, den pp.   Rap. auf ½ Bogen   N.N.
Oberst

———

No. 8

Befehl vom 29ten August

Da wir uns nun mehr und mehr dem Ort unserer dermaligen Bestimmung nähern und schon in wenigen Tagen in einer bedeutenden Stadt eintreffen werden, so fühle ich mich verpflichtet, sämtlichen Herren Offizieren der mir untergebenen Truppen die dringende Notwendigkeit vor Augen zu stellen, sich durchaus aller Räsonnements in Hinsicht militärischer Operationen, in Hinsicht der Politik zu enthalten. Es ist jeden der Hrn. Offiziers hinlänglich bekannt, dass selbst bei der Armee dergleichen Gespräche streng untersagt waren und wird also jeden einleuchtend sein, das solche im Zustand der Gefangenschaft wohl um so weniger stattfinden können. Dessen ungeachtet ist es sowohl mir als den Herren Stabsoffizieren nicht entgangen, dass es bis jetzt des öfteren der Fall gewesen sein mag und es werden also hierdurch die Herren Offiziers aufgefordert, sich von nun an keine politischen Räsonnements mehr zu erlauben.

Ich glaube nicht nötig zu haben, hier darauf aufmerksam zu machen, dass die Übertretung des hier gegebenen Befehls sehr leicht die höchsten Unannehmlichkeiten verursachen, ja sogar ein dergl. unüberlegter Diskurs das Unglück mehrerer tausend Kameraden herbeiführen kann.

Es ist hier der Ort zu erwähnen, dass aus den nämlichen Ursachen eine bedeutende Anzahl gefangener polnischer Offiziere ihren vorherigen Aufenthalt in Kyow mit Sibirien haben vertauschen müssen.

Es ist dem Soldaten vorzüglich begreiflich zu machen, dass es höchst unvorsichtig ist, sich bei ähnlichen Gesprächen darauf zu verlassen, dass man unsere Sprache hier nicht verstehe, indem es auch außer den Juden Einwohner genug geben kann, welche der deutschen Sprache vollkommen mächtig sind.

Ich halte mich dennoch überzeugt, dass alle Hrn. Offiziers diesen Gegenstand beherzigen und den Geist, welcher hinsichtlich desselben von nun an unter ihnen herrschen wird, auch auf ihre Untergebenen überzutragen wissen werden.

Mir und den Hrn. Stabsoffiziers wird es fernerhin nicht unbekannt bleiben, wenn diesem Befehl nicht genau nachgekommen werden sollte und dann ist es allerdings zum Wohle der mir untergebenen Truppen meine Pflicht, dass Diejenigen, ehe durch voreilige Gespräche dem Ganzen Nachteil bringen könnten, den russischen Behörden selbst anzuzeigen und darauf anzutragen, dass ihnen an dem Orte unserer Bestimmung weniger Freiheit als ihren übrigen Kameraden zu Teil werde.

v.Klengel

No. 9

Kiew, den 11. Septembr. 1812

Auf ausdrücklichen Befehl Sr Exzellenz des hiesigen Kommandanten wird hierdurch folgendes angeordnet:

1) Die Soldaten können bis auf weitere Anordnung den Hof der Kaserne nicht verlassen.

2) Die Hrn. Offiziers können in dem Ort der hiesigen Stadt frei umher gehen; jedoch nicht ohne besondere Erlaubnis in dem Bezirk der Oberstadt, welche sich an dem Berge, unweit der neuen Gebäude, die Powe genannt, anfängt. Wünschen einige in die Stadt zu gehen, so haben sie sich zu melden, werden jedoch vermeiden, in die Festung zu gehen.

3) Außer den Stuben darf schlechterdings kein Tabak geraucht werden, selbst nicht in dem Hofe der Kasernen.

4) Eingeheizt darf nicht werden, bis die Essen ausgekehrt sein werden, welches befohlen werden wird.

5) Es ist in jedem Hofe Platz zu Kloacks angewiesen. Es ist den Leuten streng zu untersagen, an keinem anderen Orte ihre Notdurft zu verrichten. Ich habe auf Erwartung der Quartiere, auf die Erlaubnis, im Freien kochen zu können, auch eine weit mehrere Freiheit, vorzüglich der Feldwebels, Wachtmeister und Offiziers Bediente sowie auch auf eine größere Entfernung der Kloacks bei dem Herrn Kommandanten angetragen und hoffe noch heute auf Resolution.

Es ist dieses Alles den Mannschaften bekannt zu machen und sind sie zu ermahnen, heute und morgen manches, was sich nicht sogleich abändern lässt, ruhig zu ertragen, da dieses das sicherste Mittel ist, ihr Schicksal zu verbessern.

v.Klengel

———

No. 10

Befehl vom 12. Septbr. 1812

Das heutige Betragen des Premier Leutnants v.Low gegen den Major v.Schlieben fordert mich abermals auf, denen Mannschaften, insbesondere denen Herren Offiziers die Notwendigkeit einer Fortdauer der strengsten Subordination ins Gedächtnis zu rufen, da nur ein gutes Beispiel der Oberen das gute, pflichtmäßige Verhältnis des Ganzen erhalten kann.

Das erwähnte Verhalten des Leutn. v.Low gegen seinen Regimentskommandanten bleibt zwar für jetzt ungeahndet, ich versichere jedoch denen Herren Offiziers zu aller Warnung, dass dieser Vorfall in einem der einstigen Rapports der Erwähnung nicht entgehen wird.

v.Klengel

———

No. 14

Befehl vom 20ten Septbr. 1812

Ich habe in Hinsicht des Adjustements keine Truppen Abteilung mehr vernachlässigt gefunden, als die Artillerie.

Der Leutn. v.Glowacky wird deshalb, so lange der Leutn. Kayser noch keinen Dienst verrichten kann, sich bei den Artillerie Detachements wesentlich dieses Gegenstandes mit gleichem Eifer annehmen und dafür besorgt sein, dass die Mannschaften wenigstens stets so proper und reinlich erscheinen, als es unter den dreimaligen Verhältnissen nur immer möglich ist.

Ferner ist sämtlichen Mannschaften ernstlich einzuschärfen, sich gehörig in Acht zu nehmen, dass in den Kasernen nichts ruiniert werde, indem die Leute jeden Schaden, der durch sie verursacht werden dürfte, unausbleiblich selbst ersetzen müssen. Die Herren Offiziers von der Inspektion werden daher die gehörige Aufsicht über ihre Mannschaften in den Kasernen führen.

v.Klengel

[65]

Befehl vom 20ten Septbr. 1812

1) Nachdem der Hr. Platz Kommandant, General v.Maass die vom Regiment v.Niesemeuschel auf dem Transporte entwichenen wiedererlangten und bisher inhaftiert gewesenen Mannschaften zur engeren Haft und zur Arbeit an den Festungswerken unter Verabreichung von nur 3 Kopeken täglich in die Festung zu Perzersk hat bringen lassen, ist dieses den Mannschaften zu aller Warnung bekannt zu machen.

2) Der oben genannte Hr. General Kommandant hat das einzelne Umhergehen der Mannschaften in allen Teilen der Stadt höchst missfällig wahrgenommen und fernerhin streng untersagt. Für alle Fälle, wo Mannschaften ausgehen, müssen ihnen Unteroffiziere zur Aufsicht und Führung mitgegeben werden, die für ihr Verhalten verantwortlich sind. In Wiederbetretungsfällen dürften einzeln umhergehende Mannschaften arretiert und in engen Gewahrsam gebracht, auch die Freiheit des ganzen mehr eingeschränkt werden.

v.Klengel

———

No. 15

Avertissement

Von übermorgen an kann kein Kranker im Lazarett aufgenommen werden, der nicht von seinem Kompanie Kommandanten mit einem Entree Billet, welches folgendermaßen abgefasst ist

Entrée Billet

Ins Hospital zu Perczesk für den Musketier Friedrich Christian N.N. als 29 Jahre, gebürtig aus Wolkenstein bei Altenburg in Sachsen

von der ... Komp. des Regiments N.N.

Podole, den 3. Oktbr./ 21. Septbr. 1812

N.N. Capit.

Die Mitsenden der Spezifikation an den Herrn Hauptmann v.Brochowsky bleibt dem ohngeachtet wie bisher.

Nochmals erinnert derselbe, dass nun doppelte Ordonnanzen von den Regimentern ins Lazarett geendet werden müssen.

Podole, d. 3. Oktbr. 1812   Aster
                                        Brig. Adj.

Abgeändertes Schema

Entrée Billet

Für den Gemeinen des Inf. Rgt. König und der 3.Komp.

Friedrich Rau

Alt 22 Jahre, gebürtig von Dresden in Sachsen, unter heutigem Dato am Fieber krank, ins Lazarett zu Perczesk gebracht worden.

Sig. Podole, den 25.Septbr. / 7. Oktbr. 1812

B: Lateinische Lettern und   N.N.
       russ. Datum   Capit.

No. 16

Befehl vom 21.Septbr. 1812

1) Die Regimenter zeigen Morgen früh an, wieviel Mannschaften sich bei ihnen befinden, welche einer Bekleidung von Tuchpantalons und Stiefeln am vorzüglichsten bedürfen, wieviel das Bedürfnis an Tuch überhaupt und wieviel davon auf einen Mann gerechnet wird.

2) Eine ähnliche Anzeige ist einzureichen über diejenigen Mannschaften, welche nur mit einem Hemd versehen sind. Da ich für zweckmäßig halte, einen Leinwandeinkauf im Ganzen besorgen zu lassen und den Mannschaften in der Kompanie einen Abzug zu formieren.

3) Wieviel Ellen weißes Tuch zur möglichen Ausbesserung der Montierungen erforderlich sein dürfte, ist mir von den Herren Kommandanten der beiden Infanterie Regimenter ebenfalls anzuzeigen.

v.Klengel

Befehl vom 21.Septbr. 1812

Morgen früh 9 Uhr sind sämtliche Hrn. Regiments Kommandanten in meinem Quartier. Mit ihnen sind die Präses der Wirtschaftskommissionen, pr. Regiment 2 der besten Capt. d'armes, 2 Schneider und 2 Schumacher, welche ebenfalls auch besonders auserlesene Leute sein müssen.

v.Klengel

No. 20

Brigadebefehl vom 29. Novbr. 1812

1) Es ist Seiten des Gouverneurs Beschwerde über die in den Kasernen stattfindende Unreinlichkeit geführt worden, die Wachtmeister oder diejenigen, die deren Funktion verrichten hierauf mit mehrerer Strenge halten und werden dafür verantwortlich gemacht.

2) Der Herr General lässt denen Hrn. Offiziers der Lazarett jour die größte Aufmerksamkeit auf die Reinlichkeit in den Spitälern anempfehlen, da wo sie solche nicht finden, haben sie es dem Capit. v.Brochowsky anzuzeigen.

3) Von nun an darf keinem Kranken, der ins Lazarett kommt, Geld gelassen werden, es wird ihm bei der Kompanie abgenommen und erst nach seiner völligen Genesung wieder gegeben.

4) Kein Kranker darf das Lazarett willkürlich verlassen, nur den Krankenwärtern ist es gestattet. Die Hrn. Offiziers der Lazarett jour haben hierüber vorzüglich die Krankenwärter zu instruieren.

Auf Befehl des General v.Klengel der Brigade-Adjutant   Aster

———

No. 21

Kiew, den 30ten Novbr. 1812

An den Herrn Obristen
von Göphardt Hochwohlgeb:

Ich habe in Erfahrung gebracht, dass der Chirurgus Wobisch von dero unterhabenden Regimente, die Kranken, welche sich in den Kasernen befinden, seit einiger Zeit sehr vernachlässigt und sie seinen Privat Interessen nachsetze; sowie derselbe auch öfteren betrunken und demnach zu seiner Dienst Verrichtung untüchtig sein soll. Auch sollen, wie ich höre, dergleichen Beschwerden bei dem Regiments Chirurgus angebracht worden sein.

Ew. Hochwohlgeb: ersuche ich demnach, die Klagen genau untersuchen zu lassen und mir fördersamst diesfallsigen Rapport zu erstatten. Ist es wirklich gegründet, dass der Chirurgus Wobisch sich Nachlässigkeit zu Schulden kommen lässt, so wollen dieselben ihm solche nachdrücklichst verweisen und ihm ernstlichst bedeuten, dass er bei der geringsten Versäumnis seiner Pflichten auf das strengste bestraft werden würde.

v.Klengel

————

No. 22

Kiew, Ende November. 1812

Es hat bis jetzt über das Betragen der Sächsischen Offiziere und Mannschaften, welche das unglückliche Los der Gefangenschaft mit mir teilen, nur eine Stimme geherrscht und der daraus entstandenen allgemeinen Achtung und Zufriedenheit ist es einzig und allein zuzuschreiben, dass wir gegen alle anderen Kriegsgefangenen ausgezeichnet nur behandelt worden sind.

Um so unangenehmer ist es mir gewesen, heute durch den Hrn. Zivil Gouverneur mehrere Beschwerden gegen Offiziers und Klagen gegen Soldaten bei mir angebracht zu sehen. Der Hr. Gouverneur ließ selbst versichern, dass zwar gegen sehr wenige der Hrn. Offiziers Beschwerden geführt worden wären, der größere Teil sich aber durch vorzügliches Betragen auszeichnete, die gemeinen Mannschaften aber betrügen sich größtenteils auf eine Art, die ihrer jetzigen Lage nicht angemessen sei und woraus sehr unangenehme Folgen entstehen könnten.

Die Stimmung des Publikums, vorzüglich der geringen Klasse desselben, ist bekannt und es ist zu besorgen, dass durch ein ungezogenes Betragen eines einzigen Soldaten von uns, ein Auflauf und bedeutender Exzess herbeigeführt werden kann, dessen Erfolg für uns offenbar nicht anders als höchst nachteilig sein kann.

Ich veranlasse deshalb hierdurch die Herren Regiments Kommandanten und Offiziers auf das dringendste, denen Mannschaften bei der strengsten Bestrafung das sittlichste und bescheidenste Betragen anzuempfehlen und ihnen begreiflich zu machen, das ihre jetzige Lage dies doppelt erfordert.

Von denen Herren Offiziers bin ich überzeugt, dass es bloß einer Erwähnung bedarf, um allen etwaigen

Beschwerden sofort abgeholfen zu haben und sie auch vermögen, ihren Bedienten und Purschen an zu befehlen, nicht die mindeste, ihnen nicht zukommende Pretiosen bei ihren Wirten zu machen.

v.Klengel

———

No. 26

Perzersk, den 29. Dezbr. 1812

Die große Anzahl an Toten hat eine bedeutende Überzahl an Inf. Kapots und Tornister hervorgebracht; es wird zweckmäßig sein, diese Stücke gegen Quittung der Kavallerie zum Gebrauch zu geben, da sie ganz vorzüglich daran Mangel leiden. Der Hr. Major v.Gecka wird daher ersucht, sich über die benötigte Anzahl Mäntel und Tornister mit denen Hrn. Regiments und Detachements Kommandanten in Kommunikation zu setzen und von ihnen die überleinen Stücke gegen Quittung zur Verteilung unter die sie bedürfenden Ulanen, Husaren und Dragoner zu übernehmen.

Die Fertigung der Hosen für die Mannschaft passiert vor der Hand; die Regimenter mögen daher nun ihr unverzügliches Augenmerk auf die Reparatur der Mäntel richten, um die nicht füglich mehr brauchbaren zur Reparatur der übrigen anzuwenden. Ist dies geschehen, so bin ich einer Anzeige gewärtig, wie viel davon überhaupt auf den Regimentern Kapots zur Bekleidung des vorhandenen Etats nötig sind. Ingleichen bin ich morgen einer Anzeige erwartend, ob die Regimenter und Detachements nun mit der erforderlichen Anzahl Hosen versehen sind oder wieviel ihnen noch fehlen. Die Anzahl der bereits erhaltenen ist mit auf der Anzeige zu bemerken.

v.Klengel

———

No. 29

Kiew, den 22. Februar 1813

Es ist mir durch den Herrn Oberst v.Göphardt gemeldet worden, dass unter den Mannschaften des Regiments König der Ausschlag so ungemein zu genommen hat, das selbst Einwohner in Kuriniowka sich dieserhalb geweigert haben, ihre Bequartierung zu behalten. Ohne Zweifel findet derselbe Fall auch bei den Mannschaften der übrigen Regimenter statt.

Es wird daher notwendig, die gemessensten Maßnahmen zu ergreifen dies Übel Einhalt zu tun. Der Major v.Wolframsdorf hat daher zu verfügen, dass der in Kuriniowka stehende Chirurgus Zeidler, dem zum Beistand der Chirurgus Wobisch beigegeben werden wird, sämtliche Mannschaften genau visitiert werden. Über die Zahl der vorgefundenen Kranken sowohl als die Art des Übels hat so dann der Chirurgus Zeidler ungesäumt einen genauen Rapport an den Regiments Chirurgus Georgi zu erstatten, von welchem er eine schriftliche Instruktion erhalten wird. Das die Kranken sodann den von ihm gemachten Anordnungen genau nachkommen, muss der Aufsicht der Feldwebel und Unteroffiziers zur strengsten Pflicht gemacht werden, denen Mannschaften aber ist zu versichern, dass sobald sie den Anordnungen nicht genau nachkommen, ihre Aufnahme im Lazarett unvermeidlich werde.

v.Klengel

———

No. 30

Kiew, den 24. Februar 1812

Zu Unterdrückung des unter den Mannschaften in Kurnikiowka herrschenden Ausschlages ist es erforderlich dass:

1) sämtliche skabiöse Kranken im Quartier zusammengelegt und die Gesunden von ihnen separiert werden.

2) Zu genaueren Befolgung, der von den Rgts. Chirurgus gegebenen Vorschrift über ihre Behandlung wird annoch der Chirurgus Rehfeld vom Rgt. Ulanen nach Kuriniowka versetzt, diesem und dem Chirurgus Zeidler liegt die medizinische Pflege der Kranken ob. Sie halten täglich Rapports an die Rgts. Chirurgen.

3) In jeder Kompanie muss ein Unteroffizier bestimmt werden, welcher die Kranken genau inspektiert, dass sie mit der zu erhaltenden Seife sich geordneter Maßen waschen, dass ihre Kost ihrer Krankheit gemäß eingerichtet sei und sie in ihrer Wäsche sowohl als in ihren übrigen Anzuge die strengste Reinlichkeit beobachten.

Das jeder der Herrn Kompanie Kommandanten auf seine skabiösen Kranken noch ein ganz besonderes Augenmerk richte, darf ich wohl nicht erst erinnern, da ihnen das Wohl ihrer Untergebenen in unserm jetzigen Verhältnis ganz besonders am Herzen liegen muss.

Zu Abholung der Medikamente senden morgen Nachmittag 2 Uhr die Rgt.er König und Niesemeuschel jedes 1 Gemeinen ins Lazarett zum Rgt.s Chirurgus Wehrmann.

v.Klengel

———

No. 31

Petzscherrsk, den 28. Februar 1812

Es ist von dem Grafen Potocky das Ersuchen an mich ergangen, ihm mit Genehmigung des Zivil Gouverneurs

1 Unteroffizier
10 Gemeine

welches Handwerker als: Zimmerleute, Tuchmacher, Lohgerber und Müller sein sollen, zur Anstellung bei Arbeiten auf seinen Gütern 11 Meilen von hier auf die Zeit unseres Hierseins zu überlassen.

Es ist keinem Zweifel unterworfen, dass diese Mannschaften hierdurch Gelegenheit finden würden, außer ihrem Traktament einen guten Verdienst zu erhalten; ich gebe daher den Rgtn. hierdurch auf, in sich Nachfrage zu halten, ob sich Mannschaften hierzu freiwillig anbieten wollen.

Die Herrn Rgts. Kommandanten mögen über die Zahl der von Ihren Rgtn. sich freiwillig stellenden, sich vergleichen, die hierzu bestimmten aber, welche völlig gesund und wo möglich in Hinsicht ihrer Conduite auserlesene Leute sein müssen, morgen als den 1. März früh 10 Uhr in mein Quartier anhero senden, woselbst der Fabrik Inspektor des Grafen mit ihnen über die machenden Bedingungen Rücksprache nehmen will.

Zu ihrem Fortkommen von hier aus an den Ort ihrer Bestimmung werden die benötigten Fuhren gegeben werden.

Der Unteroffizier, dessen vorzügliche Bestimmung ist, eine polizeiliche Aufsicht über die Mannschaften zu führen, muss ein zuverlässiger und gesetzter Mann sein.

Sollten sich keine Mannschaften freiwillig zu obigen Zweck finden, so ist mir solches zu der gesetzten zeit zu melden.

v.Klengel

In dieser Reihe sind an Memoiren, Berichten etc. zum Feldzug von 1812 bei BOD erschienen:

No.19 1812 – Die Sachsen in Russland / Der Feldzug des VII. Armee-Korps in den Tagesbefehlen des Generalstabes und der Intendanz

No.21 Das Tagebuch von Ernst Ferdinand Aster 1812

No.22 Das Tagebuch von Friedrich Ernst Aster 1812

No.37 Die Tagebücher von Johann Carl von Dallwitz (1812 – 1815) und Adolf George von Göphardt (1813)

No.40 Friedrich Vollborn – Erlebtes (I+II) vom 16.04.1808 bis mit 27.03.1813

No.42 Die sächs. Chevauxlegers-Regimenter (I) – Schriftstücke zum Feldzug 1812

No.43 August Friedrich Wilhelm von Leysser - Das Tagebuch des Kommandeurs der Garde du Corps 1812

No.45 Carl Ferdinand Böhme Tagebuch 21.06. – 09.11.1812

No.46 Carl Ferdinand Böhme Tagebuch 10.11.1812 – 11.05.1813

No.57 Journale, Tagebücher, Befehle (I): Johann Adolph von Zezschwitz 17.07. – 27.07.1812 / Heinrich Christian von Klengel 30.07.1812 - 28.02.1813

No.58 Carl August Becker: Tagebuch 28.03.1812 - 21.09.1812

No.59 Heinrich Carl Ferdinand Friedrich von Hausen: Tagebuch und Briefe 01.01.1812 – 02.02.1814

No.60 Journale, Tagebücher, Befehle (II): Journale und Rapporte 01.01.1813 - 09.03.1813